中华现代学术名著丛书

中国道教史

傅勤家 著

创于1897 商务印书馆 The Commercial Press

图书在版编目(CIP)数据

中国道教史/傅勤家著.—北京:商务印书馆,2011(2025.4重印)
(中华现代学术名著丛书)
ISBN 978-7-100-08531-1

Ⅰ.①中… Ⅱ.①傅… Ⅲ.①道教史—中国
Ⅳ.①B959.2

中国版本图书馆CIP数据核字(2011)第172201号

本书据商务印书馆1937年版排印

中华现代学术名著丛书
中国道教史
傅勤家 著

商 务 印 书 馆 出 版
(北京王府井大街36号 邮政编码100710)
商 务 印 书 馆 发 行
北 京 通 州 皇 家 印 刷 厂 印 刷
ISBN 978-7-100-08531-1

2011年10月第1版 开本 880×1240 1/32
2025年4月北京第10次印刷 印张 6¼
定价:39.00元

出版说明

百年前，张之洞尝劝学曰："世运之明晦，人才之盛衰，其表在政，其里在学。"是时，国势颓危，列强环伺，传统频遭质疑，西学新知亟亟而入。一时间，中西学并立，文史哲分家，经济、政治、社会等新学科勃兴，令国人乱花迷眼。然而，淆乱之中，自有元气淋漓之象。中华现代学术之转型正是完成于这一混沌时期，于切磋琢磨、交锋碰撞中不断前行，涌现了一大批学术名家与经典之作。而学术与思想之新变，亦带动了社会各领域的全面转型，为中华复兴奠定了坚实基础。

时至今日，中华现代学术已走过百余年，其间百家林立、论辩蜂起，沉浮消长瞬息万变，情势之复杂自不待言。温故而知新，述往事而思来者。"中华现代学术名著丛书"之编纂，其意正在于此，冀辨章学术，考镜源流，收纳各学科学派名家名作，以展现中华传统文化之新变，探求中华现代学术之根基。

"中华现代学术名著丛书"收录上自晚清下至20世纪80年代末中国大陆及港澳台地区、海外华人学者的原创学术名著(包括外文著作)，以人文社会科学为主体兼及其他，涵盖文学、历史、哲学、政治、经济、法律和社会学等众多学科。

出版“中华现代学术名著丛书”，为本馆一大夙愿。自1897年始创起，本馆以“昌明教育，开启民智”为己任，有幸首刊了中华现代学术史上诸多开山之著、扛鼎之作；于中华现代学术之建立与变迁而言，既为参与者，也是见证者。作为对前人出版成绩与文化理念的承续，本馆倾力谋划，经学界通人擘画，并得国家出版基金支持，终以此丛书呈现于读者面前。唯望无论多少年，皆能傲立于书架，并希冀其能与“汉译世界学术名著丛书”共相辉映。如此宏愿，难免汲深绠短之忧，诚盼专家学者和广大读者共襄助之。

商务印书馆编辑部

2010年12月

凡　　例

一、“中华现代学术名著丛书”收录晚清以迄20世纪80年代末，为中华学人所著，成就斐然、泽被学林之学术著作。入选著作以名著为主，酌量选录名篇合集。

二、入选著作内容、编次一仍其旧，唯各书卷首冠以作者照片、手迹等。卷末附作者学术年表和题解文章，诚邀专家学者撰写而成，意在介绍作者学术成就，著作成书背景、学术价值及版本流变等情况。

三、入选著作率以原刊或作者修订、校阅本为底本，参校他本，正其讹误。前人引书，时有省略更改，倘不失原意，则不以原书文字改动引文；如确需校改，则出脚注说明版本依据，以“编者注”或“校者注”形式说明。

四、作者自有其文字风格，各时代均有其语言习惯，故不按现行用法、写法及表现手法改动原文；原书专名（人名、地名、术语）及译名与今不统一者，亦不作改动。如确系作者笔误、排印舛误、数据计算与外文拼写错误等，则予径改。

五、原书为直（横）排繁体者，除个别特殊情况，均改作横排简体。其中原书无标点或仅有简单断句者，一律改为新式标点，专名号从略。

六、除特殊情况外，原书篇后注移作脚注，双行夹注改为单行夹注。文献著录则从其原貌，稍加统一。

七、原书因年代久远而字迹模糊或纸页残缺者，据所缺字数用“□”表示；字数难以确定者，则用“（下缺）”表示。

目　　录

第一章　绪　言

第一节　宗教共同之点

自有人类以来，稍能进化者莫不有宗教。随其文化进步之程度，而有拜物、泛神、多神、二神、一神之不同。其蛮野、文明之现象虽不同，而自有其共同之点焉。即凡一民族之发生，各有其团结之需要，与其互相之约束，乃本其素来之信仰，或为祖先，或为物类，于以聚族而谋生。此即蛮野之人民，或拜木石禽兽，或拜日月山川水火祖先之由来也。迨知识进步则以为有善恶二神，相为消长，彼此争斗，而人民则仰善神之佑护，此即神佛与魔之所由起。又其后则以为善神终胜而恶神退避，统于一尊，此则天尊、上帝之由来，而道教降魔之说，亦由此出。其实高等之宗教，专奉唯一之神者，其起原亦莫能外是也。

于此可见世界宗教，虽各歧异，而其根本之点，则实属一致。皆避恶而趋善，所谓恶者，黑暗、污秽、嫉妒、诈伪、怯懦、贼害、伤残、夭折、疾病、困苦之类是也。所谓善者，光明、清洁、仁爱、忠信、宽厚、勇毅、养护、寿考、健康之类是也。试观今日世界高等之宗教，如基督、回教*、犹太、佛教之类，皆以淫、杀、贪、妄语诸戒为根

---

* 今称伊斯兰教。——编者注

本，而道教之示戒亦莫能外是焉。食物之禁忌，礼仪之严密，则犹太、波斯、回教等禁忌甚严。而佛教之禁荤辛、禁酒。道教之禁五荤三厌，三厌谓天厌雁、地厌狗、水厌乌鱼，而五荤亦曰五辛，即《楞严经》所谓“是诸众生三摩地，当断世间五种辛菜，是五种辛，熟含发婬，生啖增恚”者也。五荤者，《梵纲经》谓：“五辛，一葱、二薤、三韭、四蒜、五兴渠。”《楞伽经》谓：“五辛，一大蒜、二茖葱、三慈葱、四兰葱、五兴渠。”《尔雅翼》云：“西方以大蒜、小蒜、兴渠、慈蒜、茖葱为五荤，道家以蒜、韭、薤、芸薹、胡荽为五荤。”是可见道教之五荤，与佛教所禁者，不甚相远。而回教之禁忌，见于《天方典礼》诸书者，尤详密焉。是皆以其不洁净而能使人昏惑故耳。又如犹太教之割礼洗礼，今基督教已废去割礼而单行洗礼，礼节亦有不同。回礼尚有行之者。其他如斋戒、祈祷、禳除、忏悔之属，各教皆通有之。而如儒教，当孔子之时，于斋戒、祈祷、禳除等亦视为甚重。今之道教，尤为兴行。此各教共同之点，自古以来，遍及中外，莫能或异，可知世界人类心理，实有同然者也。

第二节　神仙之观念

至于神仙二字，似惟道教专有之矣，实则他教亦利用此神仙之名称。如佛教称外教之得道者为大仙，为仙人。而希腊多神教，译者亦借用仙之名，而有水仙、花仙等，以别于神之称而为神之次位。今姑以佛教、基督教所列者，而分别之如下：

（一）神仙之品位　九品之说，佛教已有之，彼盖分佛徒证果之地位，而别为九品莲台，以说其证果之高下，此九品即上上、上中、上下、中上、中中、中下、下上、下中、下下九等，凡感智机行等，皆有此九种之品类。《列仙传》云："历观百家之中，以相检验，得仙者百四十六人，其七十四人在佛经。"此可见道教之神仙，亦引佛教入之也。《楞严经》云："不依正觉，修三摩地，别修妄念，存想固形，有十种仙。坚固服饵而不休息，食道圆成，名地行仙。坚固草木而不休息，药道圆成，名飞行仙。坚固金石而不休息，化道圆成，名游行仙。坚固动止而不休息，精气圆成，名空行仙。坚固津液而不休息，润德圆成，名天行仙。坚固精色而不休息，吸粹圆成，名通行仙。坚固禁咒而不休息，术法圆成，名道行仙。坚固思念而不休息，思忆圆成，名照行仙。坚固交遘而不休息，感应圆成，名精行仙。坚固变化而不休息，觉悟圆成，名绝行仙。是等皆于人中炼心，不修正觉，别得生理，寿千万岁。妄想流转，不修三昧，报尽还来，散入诸趣。"其所说何与中国之神仙，无以异耶。

再观基督教人所说天神即天使之品位，基督教人李杕《天神谱》云："天神分九品：至爱者（爱主至切，其情笃挚，如烈火之炎炎不息），普智者（认主至明，知理最博），上座者，统权者，异力者，大能者，宰制者，宗使者，奉使者（即护守世人之天神，一人一神），九品合为三军，至爱、普智、上座为上军，统权、异力、大能为中军，宰制、宗使、奉使为下军。品愈在前，则禀性愈美，膺宠愈隆。合九品三军则有总领天神，即弥额尔是。"此则基督教分天神即安琪儿为九品也。

至于道教，其分别九品，如《云笈七签》卷三道教《三洞宗元》曰："太清境有九仙，上清境有九真，玉清境有九圣，三九二十七位也。其九仙者，第一上仙、二高仙、三大仙、四玄仙、五天仙、六真仙、七神仙、八灵仙、九至仙。"以九为等第，亦与佛教、基督教同。

按：回教分信徒为九品："圣四，曰至圣、曰大圣、曰钦圣、曰圣人。次曰大贤、曰智者，又曰通识、曰廉士、曰善人、曰庸常，又曰信士。"此与《汉书·古今人表》之分九等，以圣人、仁人、智人为首者，亦略相似焉。此虽皆以人类分等第，亦可见九品之分，实为各教共同之点矣。

（二）神仙之性质　道教于神仙之性质，最先说者为《庄子·逍遥游篇》："藐姑射之山，有神人居焉，肌肤若冰雪，淖约若处子。不食五谷，吸风饮露，乘云气，御飞龙，而游乎四海之外。"又《齐物论》："至人神矣。大泽焚而不能热，河汉冱而不能寒，疾雷破山，风振海，而不能惊。若然者，乘云气，骑日月，而游乎四海之外。"又《大宗师》："古之真人，其寝不梦，其觉无忧，其食不甘，其息深深，真人之息以踵，众人之息以喉。"又："夫道有情、有信、无为、无形，可传而不可受，可得而不可见。自本、自根、未有天地，自古以固存。神鬼、神帝、生天、生地，拄太极之先而不为高，杠六极之下而不为深。先天地生而不为久，长于上古而不老。稀韦氏得之以絜天地；伏戏得之以袭气母；维斗得之终古不忒；日月得之终古不息；堪坏得之，以袭昆仑；冯夷得之以游大川；肩吾得之以处大山。黄帝得之以登云天；颛顼得之以处玄宫。禺强得之，立乎北极；西王母得之，坐乎少广，莫知其始，莫知其终；彭祖得之，上及有虞，下及五伯；传说得之以相武丁，奄有天下，乘东维，骑箕尾，而比于列星。"此言真人之名称及得道者之神通，实为道教所祖者也。庄子之言如此，其后《列子·黄帝篇》亦引申庄子之说曰："列姑射山在海河洲中，山上有神人焉，吸风饮露，不食五谷。心如渊泉，形如处女。不偎不爱，仙圣为之臣，不畏不怒愿悫为之使。"又《汤问篇》曰："有大壑焉，实惟无底之谷，其下无底，名曰归墟，八纮九野之水，天汉之流，莫不注之而无增无减焉。其中有五山焉，一曰岱舆，二曰员峤，三曰方壶，四曰瀛洲，五曰蓬莱。其山高下周旋三万里，其顶平处九千里，山之中间相去七万里，以为邻居焉。其上台观皆金玉，其上禽兽皆纯缟，珠玗之树皆丛生，华实皆有滋味，食之皆不老不死。所居之人皆仙圣之种，一日一夕飞相往来者，不可数焉。"神仙之形性与其居处，大略如是。

其在佛教《法苑珠林》卷六诸天部《起世经》云："一切诸天有十别法。一、行时来去无迹。二、行时来去无碍。三、行时无有迟疾。四、行时足无踪迹。五、身力无患疲劳。六、天身有形无影。七、无大小便利。八、无涕唾。九、身清净微妙，无皮肉筋脉脂血髓骨。十、身欲现长短，青黄赤白，大小粗细，随意悉能，并皆美妙，端严殊绝，令人爱乐。"《起世经》云："诸天身充实洪满，齿白方密，发青齐整，柔软润泽。身有光明，及有神力，腾虚飞游，眼视无瞬。璎珞自然，衣无垢腻。"《智度论》云："诸天身有光明，不须日月，胜于日月，皆由身清净故得。"《楼炭经》云："诸天人发绀青色泽，天人青色，发亦青色。"又《阿含经》云："诸天，身衣随意，无复男女嫕欲，以禅定法喜为食。"又《因果经》云："天人身净，不受尘垢，有大光明，心常欢悦，无不适意之事。"

进观基督教人所言天神或天使之形质，如李杕《天神谱》云："一、天神无形体，与上帝同。二、天神美妙，有光明。三、天神在天国，亦上帝所造。四、天神之数，多于世人九十九倍。五、天神或化为白鸽。六、天神分九品（见前）。七、天神最著名者有三。一曰弥额尔，译言谁似天主，美丽无比，凡天主大显尊荣之事，每使弥额尔下降。二曰嘉彼额尔，译言天主勇力。盖其所司，乃承行天主极大事功也。三曰辣法额尔，译言天主神医。世人有神形大病，天主特遣此神来治,故名之。八、天神虽无肉体,然别具一身,清虚缥渺。别有食物,是为天粮。多能奇事,瞬息间可以清气成躯,外貌与生人无异。九、天神有明司,故知理达义,颖悟过人。十、天神有欲司,惟有意念,无情欲。念念爱天主。十一、天神自谓尊严,不服主者,下地狱为魔。十二、天神为有限之体。一不能化二,在此不在彼。十三、天神救助生人,掌治万象,故天主赋以才力。十四、天神有羽翼。十五、天神身长如九岁男孩,两手交胸前,目常仰望上天。发作光线色,垂至肩上。身穿长白衣,裙及足背,长衣外有套衣一领,如六品祭服,或作白色,或作青色,或作绛色。足行泥上不染。闻人恶语即以两手掩面。十六、天神之语不与世人同,彼此以意相默会,因无唇舌也。惟能运动清气,使出言奏乐。十七、天神驱魔逐鬼。十八、上天星象各有一天神看守。天下各国皆有天神看护。十九、有制人神形之力,如启人悟,激人欲,制人身之类,及卫人引人助人。二十、天神摄教(管教务)守堂。二十一、清洁(无身故贞)。二十二、和睦(九品相爱如一人)。”观此,基督教之天神即西书所谓安琪儿,实较佛教之诸天,道教之神仙,所述尤为美备。然其相同之点,仍有可见者耳。

第二章　外人对于道教史之分期

各教有共同之点，亦有特异之点，道教亦然。惟各教皆有其历史，以行于世，而道教无有也。《道藏》之书虽多，要皆空虚诞妄，等于无物，无从采择。余昔者曾编有《道教史概论》，只举大略，似未得一般之注意。日本学人独有从此事以为编纂者，以余所见，有小柳气司太之《道教概说》，我国人皆有译出，然亦率略而不可根据。《东洋学报》第一卷及第十、第十一卷，有妻木直良之《道教之研究》，常盘大定之《道教发达史概说》，亦皆未完成。常盘研佛教有素，于道教不过初为尝试，其不能圆满，可断然也。惟于道教之分期，妻木仅举第一期草创时代，分为神道时代、杂起时代、天师道时代。常盘较为周到，分为第一期开教时代、第二期教会组织时代、第三期教理研究时代、第四期教权确立时代、第五期继承退化时代，分划颇为秩然。姑移译于下：

其序言曰："自南北朝以来，道教判为二系统。元代以后，更明白区分为二大系统。南方曰正一教，以符箓科教为主。北方曰全真教，以服食炼养为主。正一教加上教理，全真教惟主实修，此道教发展之大势也。北方教徒，因不绝之努力，立教会之基础。仿学佛教，具相当之形式，在儒佛两教以外，占独立之地步。而南方教徒，与之表里，加以理义，呈庄严之观，其发展之迹，大略可分为五期。

第一期开教时代　此指后汉张陵开立天师道时代（西历一四二），至东晋末（四一九），凡二百七十七年间。其时道士之雄为张陵，尚有同时之于吉，稍后之葛玄，西晋之陈端、王浮，东晋之鲍鲭（靓之误）。此等之人，依章醮符书，以布其教。又有后汉之魏伯阳，东晋之葛洪，说服食炼养之法。此时代之经典，不外为炼养、服食阴阳五行而已。

第二期教会组织时代　此指自南宋开运（四二〇）后，未几，北魏寇谦之，制定受箓之仪礼，经北周武帝，及南北朝之末，百六十年间。此时有力之道士，北方自魏寇谦之外，有北周之张宾，南方则有宋之陆修静、顾观（欢之误），齐之孟景翼、张融、陈显明，梁之陶弘景等。此时代之特色，自东晋末俄然风靡天下，仿佛典之体裁内容，拟作道经，以整道教之形式，而给以内容。如梁之智棱、周之卫元嵩，以佛僧还俗而入道教，可以反证道教之发达。同时，依彼等解释道经，当颇能助道教教义之发达。

第三期教理研究时代　自隋至五代（五八一——九五九年），三百七十八年间，其间以唐玄宗为中心。便宜上分为二期。

前期（五八一——七五五年），一百七十三年之间，隋代有虞永通，唐代有傅奕，有李播、蔡晃、李荣、方惠长。彼等在三教谈论之中，与佛教学者，甚有教理上之葛藤。而玄宗时之吴筠、司马承祯，于道教之内容，加一层之深度。此时期，在佛教为前后无比之健全时代。同时，道教健全之点，前后亦未见其比。而于其间，道经之拟作，较南宋以后者，加多不止一倍（南宋指南朝刘氏之宋，已见前）。故天宝年间，道书之编纂者有三处，惟其教理，则不能脱佛教这范围。

后期（七五五——九五九年），二百零四年之间，继续前期。此时学者，有僖宗时之杜光庭，及后周世宗时之陈抟，可差肩于前期之光彩。世宗之废佛道，别有内容。

第四期教权确立时代　自宋迄明万历三十五年（九六〇——一六〇八年），六百四十八年间，便宜上分为前中后三期。

前期北宋时代（九六〇——一一二六年），一百六十六年间，为努力编辑《道藏》，欲确立圣典之时代。其间学者，有真宗时之姚若谷、王钦若、张君房等，有徽宗时之林灵素、王方志、王仔昔、天师张嗣宗等。

中期自南宋迄元世祖（一一二七——一二九四年），一百六十七年间，为道教教会统一确定时代。此时期为道教史上，最可注目之时代。一一五三年，金之王中孚，唱全真教，使管领天下教事。一二六八年，元之郦希诚唱真大道教。又有王中孚弟子丘处机，于一二二七年，主领天下教事。元之张宗演于一二七六至一三〇六年之间，赐正一天师之号，其子张与材，为正一教主，管领江南道教。

后期自元成宗迄明神宗时（一二九五——一六〇七年），二百一十二年间，教会愈益发达，且为《道藏》完成时代。在明正统年间，宋披云雕印《道藏》四百八十函，五千三百五十卷；万历三十五年，天师张国祥续行编纂三十二函一百八十卷。

第五期继承退化时代　自明万历三十六年以后，及于现代（一六〇八年——今），三百三十余年间，其间不见有思想之发达。然庙观之建立益盛，极轮奂之美。然而自梁代以来，佛道混交之弊，愈趋愈甚；不独为毒于道教，亦且佛教蒙其毒。遂至佛道二教，皆远离于中国之思想界，不足以支配人心。而宋儒之理学，普及于全体。以禅学代表之佛教，次第被驱逐于思想界外。于是乎昔之道教,欲以迷信取佛教而代之者,究不能维持今后之人心。故至清朝,佛教固已崩坏矣,然而道教,亦何能应付此进步不息之中国人乎？是赖有新儒教、新佛教之兴起矣。”

以上常盘之言,实有至理。彼之研究虽初属尝试,且所举名字之错误,皆不足论。而其深刻之观察,不能不为今之道教危惧也。惟彼之著作既未完成,而吾人对于道教之源流,实未可即以此为满足。因即以昔所编之《道教史概论》,加以补充,庶使关怀道教史者,稍有充分之兴味。而于整理道教之方,使之复兴,有厚望焉。

第三章　诸书所述道教之起源

道教实源于道家，及古代以来方士神仙之说，其先皆托于老子。惟自道教因与佛教对抗之后，遂别造起源之说。今据《魏书·释老志》曰："道家之原，出于老子。其自言也，先天地生，以资万类。上处玉京，为神王之宗，下在紫微，为飞仙之主。千变万化，有德不德，随感应物，厥迹无常。授轩辕于峨嵋，教帝喾于牧德，大禹闻长生之诀，尹喜受道德之旨。至于丹书紫字，升玄飞步之经，玉石金光，妙有灵洞之说，如此之人，不可胜纪。其为教也，咸蠲去邪累，澡雪心神，积行树功，累德增善。乃至白日升天，长生世上。所以秦皇汉武，甘心不息。灵帝置华盖于濯龙，设坛场而为礼。及张陵受道于鹄鸣，因传天官章本千有二百，弟子相授。其事大行，齐祠跪拜，各成法道。有三元、九府、百二十官，一切诸神，咸所统摄。又称劫数，颇类佛经。其延康、龙汉、赤明、开皇之属，皆其名也。及其劫终，称天地俱坏。其书多有禁秘，非其徒也，不得辄观。至于化金销玉，行符敕水，奇方妙术，万等千条。上云羽化飞天，次称消灾灭祸。故好异者往往而尊事之。"此犹谓道教原出老子也。然观葛洪《神仙传》云："自伏羲至三代，显名道士，世世有之。其老子盖得道尤精者也。内实自然，欲正定本末，当以史传为据，并仙经秘文，以相参会。其他俗说，文多虚妄，其后道士私有增益，非真文也。著《道德》三篇，尹喜行其道。至汉窦太后好黄老言，孝文帝及外戚诸窦，皆令读之。故庄周之徒，以老子为宗。"其语意视老子甚为淡漠，仅称为庄周之宗，绝不认为道教之起源。道家与道教由此而分判，开道教之先者，必为驾乎老子之上者矣。故葛洪《枕中书》云："昔二仪未分，溟涬鸿濛，未有成形，天地日月未具，状如鸡子，混沌玄黄，已有盘古真人，天地之精，自号元始天王，游乎其中。溟涬经四劫，天形如巨盖，上无所系，下无所依。天地之外，辽属无端，玄玄太空，无响无声，元气浩浩，如水之形。下无山狱，上无列星，积气坚刚，大柔服维，天地浮中，展转无方，若无此气，天地不生。天者如龙旋回云中。复经四劫，二仪始分，相去三万六千里。元始天王在中心之上，名曰玉京山，山中宫殿并金玉饰之。常仰吸天气，俯饮地泉。复经二劫，忽生太元玉女，在石涧积血之中，出而能言，人形俱足，天姿绝妙，常游厚地之间，仰吸天气，号曰太元圣母。元始君下游见之，乃与通气结精，招还上宫。当此之时，二气细缊，覆载气息，阴阳调和，无热无寒。天得一以清，地得一以宁，并不复呼吸宣气，合会相成，自然饱满，大道之兴，莫过于此。结积坚固，是以不朽。金玉珠者，天地之精也，服之与天地相毕。元始君经一劫，乃一施太元母，生天皇十三头，治三万六千岁，书为扶桑大帝东王公，号曰元阳父。又生九光元女，号曰太真西王母，是西汉夫人。天皇受号十三头，后生地皇，地皇十一头，地皇生人皇九头，各治三万六千岁。于今所传三皇天文，是此所宣，故能召诸天上大圣及地下神灵，无所不制。故天真皇人，三天真王，驾九龙之舆是也。次得八帝，大庭氏、庖羲、神农、祝融、五龙氏等是其苗裔也。今治五岳。"《隋书·经籍志》云："道经者，云有元始天尊，生于太元之先，禀自然之气，冲虚凝远，莫知其极。所以说天地沦坏，劫数终尽，略与佛经同。以为天尊之体，常存不灭，每至天地初开，或在玉京之上，或在穷桑之野，授以秘道，谓之开劫度人。然其开劫非一度矣，故有延康、赤明、龙汉、开皇，是其年号，其间相去经四十一亿万载。所度皆诸天仙上品，有太上老君，太上丈人，天真皇人，五方天帝，及诸仙官，转共承受，世人莫之豫也。所说之经，亦禀元一之气，自然而有，非所造为，亦与天尊常在不灭。天地不坏，则蕴而莫传，劫运若开，其文自见，凡八字，尽道体之奥，谓之天书。字方一丈，八角垂芒，光辉照耀，惊心眩目，难诸天仙，不能省视。天尊之开劫也，乃命天真皇人改啭天音，而辩析之，自天真以下至于诸仙，展转节级，以次相授，诸仙得之，始授世人。”

此皆谓道教创于元始，而老子不过元始所度之徒。盖自东晋以来，为南方道士新起之说。《云笈七签》卷一百一，首举《元始天王纪》：“元始天王，禀天自然之胤，结形未沌之霞，托体虚生之胎，生乎空洞之际。时玄景未分，天光冥远，浩漫太虚。积七千余劫，天朗气清，二晖缠络，玄云紫盖映其首，六气之电翼其真，夜生自明，神光烛室。散形灵馥之烟，栖心霄霞之境，练容洞波之滨，独秉灵符之节，抗御玄降之章，内气玄崖，潜想幽穷。忽焉逍遥，流盼忘旋，琼轮玉舆，碧辇玄龙，飞精流霭，耀电虚宫。东游碧水豪林之境，上憩青霞九曲之房。进登金阙，受号玉清紫虚高上元皇太上大道君，受金简玉札，使奏名东华方诸青宫。于时受命，总统亿津玄降玉华之女，金晨之童，各三千人。飞龙毒兽，巨虬千寻，获天奋爪，备卫玉阙，天威焕赫，陈于广庭。飞青羽盖，流紫凤章，金真玉光，豁落七元。神虎上符，流金火铃。结编元皇，位在玉清，掌括上皇高帝之真。”次为《太上道君纪》：“《洞玄本行经》云：‘太上道君者，于西那天郁察山浮罗之岳，坐七宝骞木之下，清齐空山，静思神真，合庆冥枢，萧朗自然，拥观万化，俯和众生。是时十方大圣至真尊神，诣座烧香，稽首道前，上白道君。不审灵宝出法，从何劫而来，至于今日，凡几度人为尽。如是复有转轮天尊，是何劫生，值遇真文，得今太上之任，致是得度，何独如之。巍巍德宗，高不可胜，愿垂赐告，本行因缘，解说要言，开悟后生。道言：天元轮转，随劫改运，一成一败，一死一生，灭而不绝，幽而复明，灵宝出法，随世度人。自元始开光，至于赤明元年，经九千九百亿万劫，度人有如尘沙之众，不可胜量。赤明之前，于眇莽之中，劫劫出化，非可思议。赤明已后，至上皇元年，宗范大法，得度者众，终天说之，亦当不尽。今为可粗明真正之纲维，标得道者之遐迹。尔今聊以开示于后来，领会于灵文之妙我，濯紫晨之流芳。盖皇上之胄胤，我随劫死生，世世不绝，常与灵宝相值同出。经七百亿劫中，会青帝劫终，九气改运。于是托胎于洪氏之胞，凝神于琼胎之府。积三千七百年，至赤明开运，岁在甲子，诞于扶刀盖天西那玉国浮罗之岳。复与灵宝同出度人。元始天尊以我因缘之勋，锡我太上之号。封郁悦那林昌玉台天帝君，位登高圣，治玄都玉京。实由我身尊承大法灵宝真文，世世不绝，广度天人。慈心于万劫，溥济于众生，功德之大，勋名缮于亿劫之中，致今报为诸天所宗焉。’”次为《上清高圣太上玉晨大道君纪》：“《洞真大洞真经》云：‘上清高圣太上大道君者，盖二晨之精气，九庆之紫烟，玉晖焕耀，金映流真，结化含秀，苞凝玄神，寄胎母氏，育形为人。讳䶵䨥，字上开元。母妊三千七百年乃诞于西那天郁察山浮罗岳丹玄之阿。于是受箓紫皇，受书玉虚，眺景上清，位司高仙，为高圣太上玉晨大道君。治蕊珠日阙馆，七映紫房，玉童玉女各三十万人侍卫。于是振策七圃，扬青九霄，腾空舞旍，驾景驰飚，徘徊八烟，盘桓空涂，仰欱日华，俯拾月珠，摘绛林之琅实，饵玄河之紫蕖，偃蹇灵轩，领理帝书，万神入拜，五德把符，上真侍晨，天皇抱图。乃仰空言曰：子欲为真，当存日中君，驾龙骖凤，乘天景云，东游桑林，遂入帝门。若必升天，当思月中夫人，驾十飞龙，乘我流铃，西朝六岭，遂诣帝堂，精根运思，上朝玉皇。荟荟敷郁仪以蹑景，晃晃散结璘以暨霄。双皇合辇，后天而凋。夫大有者九天之紫宫，小有者清虚三十六天之首洞。'"次为《三天君列纪》："上清真人，总仙大司马长生法师主三天君，姓柏成，讳欻生，字芝高，乃中皇时人。岁在东维之际，诞于北水中山柏林之下。夫名为欻生者，以母感日华而怀孕。年九岁，求长生之道，至十四与西归公子、巨灵伯尹、俱师事黄谷先生。黄谷先生者，能为不死，修静无为，不营他术，含精内观，凝神空漠，思真安气，以致不死。后五百年，遇金仙石公、宁氏先生、晃夜童子三人，受胎精中，记化胞内，经养神上法解结之要。又登太帝沧浪山洞台中双玉穴，酣紫明芝液。遇上清万石先生，授以乘飞驾虚，八气景龙之跷，反胎守白越度之法。又广成子授以丹青玉炉，炼云根柔金刚之经，又授以飞烟发霜沉雪浮日朱之法。又遇始元童子、丰车小童，受虚皇帝箓、仙忌真戒、化一成万、解形之法。后遇玉清文始东王、金晖仙公，号曰玉皇二道君。告以胎闭静息，内保百神，开洞云房，坚守三真之事。后复诣二玉皇君，问云房之道，三真之诀。二玉皇君曰：'三真者，兆一身之帝君，百神之始真也。若使辅弼审正，三皇内宁，太一保胎，五老扶精。一居丹田，司命护生；一居绛宫，紫气灌形；一居洞房，三素合明。于是变化离合，与真同灵，明堂云宫，紫户玉门，黄阙金室，丹城朱窗，皆帝一之内宅，三真之宝室也。于是云房一景，混合神人，上通昆仑，下临清渊，云盖嵯峨，林竹葱芊，七灵回转，七门幽深，金扉玉匮，符籍五篇，公子内伏，外牵白元，混一成形，呼阳召阴，上帝司命，各保所生，微哉难言，非仙不传。'又问呼阳召阴出入无方之法,气出神变之道。二玉皇曰:‘呼阳者三气之所出入也,召阴者六丁之所往来也。若得三气之所生,能知六丁之所因者,则阳气化为龙车,阴气变为玉女;则腾转无方,轮舞空玄之上也。夫气之所在,神随所生焉,神在则气成,神去则气零。气者即二十四神之正气,是为二十四气也。气能成神,神亦成气,散之为云雾,合而为形影,出之为仙化,入之为真一。上结三元,下结万物,静为兆身,动为兆神。是以常混合二十四神,变化三五之真人,混成正一,合为帝君,即兆本神也。夫人受生于天魂,结成于元灵。天魂生之根,元灵生之胎。流会太一,达观三道,神积玉官,液溢玄府,津流地户,泽憩洞房。日月焕于霄晖,五神混于元父。元父主气,化散帝极;玄母主精,变会幽元。是以司命奉符,固形扶神,公子内守,桃康保魂,左携无英,右引白元,云行雨施,万关流布也。’后二玉皇授欻生《大洞真经》三十九章,回风混合帝一之道,断环割青,盟誓而传,得为上清真人。位曰总仙大司马长生法师,主三天君,理太玄,都阆风玉台,总司学道之仙籍,主括三天之人神万仙,受事于玉台。五帝北朝于灵轩矣。”次为《青灵始老君纪》:“《洞玄本行经》云:‘东方安宝华林青灵始老帝君者,往在白气,御运于金劫之中,暂生郁悦金映云台那林之天,西娄无量玉国浩明玄岳,厥名元庆。于此天中,大建功德,初无懈心,勋名仰彻。朱陵火宫书其姓名,记于赤简。仙道垂成,而值国多彩女,元庆遂以寄世,散想灵魔,举其浊目,朱宫辍其仙名。一退遂经三劫,中值火劫改运。元庆又受气寄胎于洪氏之胞。上天以其先身好色,故转为女子。朱灵元年,岁在丙午,诞于丹童龙罗卫天洞明玉国丹霍之阿,改姓洪,讳那台。年十四,敬好道法,心愿神仙,常市香膏,然灯照暝,大作功德。诸天所称,名标上清。南极上灵紫虚元君,托作佣人,下世教化，见那台贞洁，好尚至法，回驾于丹霍之阿，授那台灵宝赤书，南方真文一篇。于是那台励志殊勤，自谓一生作于女子，处于幽房，无由得道。因斋持戒，思念愿得转身为男，丹心遐彻，遂致感通上真下降。元始天尊时于琅碧之溪，扶瑶之丘，坐长林枯桑之下，众真侍坐。是日，那台见五色紫光曲照斋堂，于是心悟，疑是不常，仍出登墙四望，忽见东方桑林之下，华光赫奕，非可胜名。去那台所住数百里中，隔碍旸谷沧海之口。心怀踊跃，无由得往。因叉手遥礼，称名那台，先缘不厚，致作女身。发心愿乐，志期神仙，高道法妙，不可得攀，日夕思念，冀得灭度，转形为男。历年无感，常恐生死不得，遂通弥龄之运，有于今日。天河隔碍，无由披陈。今当投身碧海，没命于天，冀我形魂，早得轮转。更建功德，万劫之中，冀见道真。言讫，便从墙上投身掷空，命赴沧海极渊之中，纷然无落，即为水帝神王，以五色飞龙捧接女身。俄顷之间，已于悬中，得化形为男子。乘龙策虚，飞至道前。于是元始，即命仙都，锡加帝号，于火劫受命，辅于灵宝青帝玉篇。七百年中，火劫数极，青气运行，随元灭度。以开光元年，于弥梵罗台霄绝寥丘，飞元云根之都，沧霞九云之墟，元始又锡安宝华林青灵始老帝君号。'"次为《丹灵真老君纪》："《洞玄本行经》云：'南方梵宝昌阳丹灵真老君者，本姓郑，字仁安，大炎之胤，生于禅黎世界赤明天中，生有三气之云缠其身，朱鸟鼓翩覆其形。三日能言，便知宿命。年及十二，面有金容玉颜。便弃世离俗，远游山林。于寒灵洞宫，遇玄和先生，授仁安灵宝赤书、五气玄天黑帝真文一篇、智慧上品十戒而去。仁安于是奉戒而长斋，大作功德，珍宝布施，以拯诸乏，割口饴鸟，功名彻天。因于西那国遇天洪灾，大水滔天，万姓流漂。仁安于洪波之上，泛舟诵戒书黑帝真文以投水中，水为开道百顷之地。鸟兽獐鹿虎豹狮子,皆往依亲,悉得无他。是时国王百口,登楼而漂没,叹不能得度。仁安见王垂没,乃浮舟而往,以所佩真文授与国王。王敬而奉之,水劫即退,翕然得过。王既得免,真文于是即飞去入云中,莫知所在。仁安失去真文,退仙一阶,运应灭度,托命告终,死于北戎之阿,暴露灵尸三十余年,形体不灰,光色鲜明,无异生时,在于北戎长林之下。时国王游猎,放火烧山,四面火匝,去其灵尸之间百步之内,火不得然。獐鹿虎豹,莫不依亲。王怪而往,见灵尸之上,有三色之光,云雾郁冥,鸟兽匝绕。王乃伐薪围尸,放火焚烧。于时尸放火中,郁起成人,坐青烟之上,指拈虚无,五色焕烂。左右侍者,仙童玉女,三百余人,肃然而至。凡是禽兽依亲之者,并在火中,皆得过度。仁安以赤明二年岁在丙午,于那摩坦娄于翳天中洞寥之岳,改姓洞浮,讳曰极炎,受锡南单梵宝昌阳丹灵真老帝,号丹灵老君也。'"次为《中央黄老君纪》:"《洞真九真中经》云:'中央黄老君者,太上太微天帝君之弟子也。以混皇二年始生焉,年七岁,乃知长生之要,天仙之法。仍眇纶上思,钦纳真玄,肃条灵想,栖心神源,解脱于文蔚之罗,披素于空任之肆。于是太上授九真之诀,八道秘言,施修道成,受书为太极真人。'"次为《金门皓灵皇老君纪》:"《洞玄本行经》云:'西方七宝金门皓灵皇老君者,本乃灵凤之子也。灵凤以呵罗天中,降生于卫罗天堂世界。卫罗国王取而蓄之,王有长女,字曰配瑛。意甚怜爱,常与共戏。于是灵凤常以两翼扇女面,后十二年中,女忽有胎,经涉三月。王意怪之,因斩凤头,埋著长林丘中。女后生女,坠地能言,曰:我是凤子,位应天妃。王即名曰皇妃,生得三日,有群凤来贺,玄哺玉霜、洪泉曲水、八练芝瑛。年八岁,执心肃操,超拔俗伦。常朝则谒日,暮则揖月于重宫之内。王设厨膳,物不味口。天作大雪,一年不解,雪深十丈,鸟兽饿死。王女思忆灵凤往之游好，驾而临之长林丘中。歌曰：杳杳灵凤，绵绵长归，悠悠我思，永与愿违，万劫无期，何时来飞。于是王所杀凤，郁然而生，抱女俱飞，径入云中。王女今于景霄之上，受书为南极上元君，常乘九色之凤。此女前生万劫，已奉灵宝，致灵凤降形，得封南极元君之号。皇妃功德遐彻，天真感降。以上元之年，岁在庚申七月七日中时，元始天尊会于卫罗王国凤麟之丘，坐骞华之下，众真侍坐。是时皇妃所住室内，忽有日象，如镜之圆，空悬眼前。皇妃映见天真大神，普在镜中，长林之下，一室光明。于是自登通阳之台，遥望西方，见凤生丘上，紫云郁勃，神光炜焕，非可得名。去皇妃所住五百步许。逼以女根，处在宫内，无由得往。须臾忽有神凤来，翔集于台上，皇妃白凤言曰：西方有道，心愿无缘，不审神凤，可时暂驾，见致与不。于是凤即敷翮，使坐翮上，举之径至道前。元始天尊指以金台王母，即汝师也，便可施礼。皇妃叩头上启，惟愿众尊，特垂哀矜，则枯骸更生。言毕，余母封以西灵玉妃之号，即命九光灵童，披霜罗之蕴，出灵宝赤书白帝真文一篇，以授皇妃。受号三百年中，仍值青劫改运。皇妃方复寄胎于李氏之胞，三年，于西那玉国金垄幽谷李树之下，而生化身，为男子，改姓上金，讳曰昌至。开光元年，岁在上甲，元始天尊锡西方七宝金门皓灵皇老君号。’”次为《五灵玄老君纪》：“《洞玄本行经》云：‘北方洞阴朔单郁绝五灵玄老君者，本姓浩，字敷明。盖玄皇之胤，太清之胄。生于元福弃贤世界始青天中。年十二，性好幽寂，心玩山水。远于家中，或去十日，时复一还。时天下灾荒，人民饿殍，一国殆尽。敷明于地境山下，遇一顷巨胜，身自采取，饷系穷乏，日得数过，救度垂死数千余口，随取随生，三年不讫，他人往觅，莫知其处。是时辛苦，形体憔悴，不暇营身，遂至疲顿，死于山下。九天书其功德，金格记其玉名，度其魂神于朱陵之宫。后帝遣金翅大鸟，常敷两翼以覆其尸。七百年中，尸形不灰，至水劫改运，水泛尸漂于无崖之渊。水过而后，敷明尸泊贝渭邪源初默天郁单之国。北垄玄丘，四十年中，又经山火，盛行焚烧，尸形于火中受练而起，化成真人。五色之云，覆盖其上。至开明元年，于北垄玄丘。改姓节，讳灵会。元始天王锡灵会洞阴朔单郁绝五灵玄老君号。'"

以上所举《云笈七签》之记录，关于道教之开始，首元始天王，即元始天尊。继之为太上道君、上清高圣玉晨大道君、三天君。又继之以青灵始老君、丹灵真老君、中央黄老君、金门皓灵皇老君、五灵玄老君。而后始有混元皇帝太上老君，即古之所谓老子。青灵始老君即俗所称东华帝君，汉以来谓之东王公，又曰东王父，与丹灵、黄老、皓灵、玄老，共称为五方五老者也。老子在张角、张陵时代，奉为开教之祖，以其《道德经》为圣典，后乃有无数驾而上之者，亦诚老子所不及料矣。此盖自东晋以来，已有此变化。不独葛洪《神仙传》明言之。如《黄庭经》本谓老子闲居作七言，乃其后有所谓《黄庭内景经》者，开首三句即云："上清紫霞虚皇前，太上大道玉晨君，闲居蕊珠作七言。"所谓虚皇，盖即元始，而玉晨即上清高圣玉晨大道君，老子虽有太上老君之称，已非闲居作七言者矣。且称号老君者，已不止一老子矣。又如《老子中经》，似标明为老子所作。然其胪列诸名，首曰上上太一，号为道之父。次为无极太上元君。三及四即东王父与西王母。五为道君，盖即指玉晨大道君也。六为老君，当即指老子，然与第七之太和，常侍道君左右，则老子之地位，可想见矣。至于五方五老，亦与佛经所谓西方阿弥陀如来净土世界，东方宝生如来琉璃世界，以及南方北方各有如来之世界，无以异。与道经所说，同一虚诞，固不待言。大凡宗教之兴，其始必奉一人为教祖。其后意有不足,则又推演斯教之由起,先乎天地,超乎万物。而昔之推为教祖者,不得不递降于数级之下,或仅视为徒隶,或仅奉为先知。此亦世界各教共同之点,不第道教为然耳。故余欲溯道教之起源,必当上求道字名义之由来,与其演变为道教之痕迹,不能盲从道经之说也。

第四章　道之名义与其演变

道字本义为道路，人人所共由也。不知路之所向者，必需他人之导引，故道字引申有导义。《论语》曰："道千乘之国"，即谓指导治国之道也。凡指导必有言说，故道又有言之义。《孝经》曰："非先王之法言不敢道"，是也。所言必有义理，俗称道理，故道教之道即道理之谓。《老子》曰："道可道，非常道"，上下两道字皆谓道理，中间一道字则指言思拟议。夫以世间之道理，而为言思拟议所不能至，斯蕴理至为精微，佛经所云不可思议，不可说，亦指其无上之道也。惟儒家践实，故所言之道，与佛教道教之玄虚不同，但亦有难言者。兹将儒家与宋理学所解释之道，与道家道经所言之道，分列而观焉。

第一节　子思《中庸》、宋儒朱子所说之道

道教之名称，人皆知出于老子《道德经》，所谓"道可道，非常道，名可名，非常名"者也。但各教皆有其道，皆不能离道以立言。如儒家之《中庸》，即云："天命之谓性，率性之谓道，修道之谓教。"朱子注云："命犹令也，性即理也。天以阴阳五行，化生万物，气以成形，而理亦赋焉。犹命令也。于是人物之生，因各得其所赋之

理，以为健顺五常之德，所谓性也。率，循也。道犹路也。人物各循其性之自然，则其日用事物之闲，莫不各有当行之路，是则所谓道也。修，品节之也。性道虽同，而气禀或异，故不能无过不及之差。圣人因人物之所当行者而品节之，以为法于天下，则谓之教，若礼乐刑政之属，是也。"《中庸》又云："道也者，不可须臾离也。可离非道也。"董仲舒亦云："道之大原出于天，天不变，道亦不变。"儒家所说如此，其他诸家莫不各有其所谓道者，自以为至高至真之道也。

第二节　张衡《灵宪》、《广雅》、《列子》及宋儒周子所说之道

子思《中庸》虽言道，而道果何物，未言也。然即未明言阴阳五行，含义已涉玄妙，如引诗："上天之载，无声无臭"，而赞为至矣。是已由人伦之道，而趋向于形上之道。于是《易·系辞传》所云"易有太极，是生两仪，两仪生四象"之说，遂为学者注意矣。两汉以来，研究天地未生以前情状，已有与道家参合之致。如张衡《灵宪》云："太素之前，幽清寂寞，不可为象。惟虚惟无，道之根也。道根既建，由无生有，太素始萌。萌而示兆，斯谓庞洪，盖道之干也。道干既育，万物成体。于是刚柔始分，清浊异位，天成于外而体阳。故圜以动，斯谓天元，道之实也。"魏张揖《广雅·释天》亦云："太初，气之始也，清浊未分。太始，形之始也，清者为精，浊者为形。太素，质之始也，已有素朴而未散也。二气相接，剖判分离，轻清者为天。"以上所说，盖皆本于《易纬乾坤凿度》，其后晋人伪造《列子》，即承其说，而加以增减。《天瑞篇》云："子列子曰：'昔者圣人

因阴阳以统天地。夫有形者生于无形，则天地安从生，故曰有太易，有太初，有太始，有太素。太易者，未见气也，太初者，气之始也，太始者，形之始也，太素者，质之始也，气形质具而未相离，故曰浑沦。浑沦者，言万物相浑沦而未相离也。视之不见，听之不闻，循之不得，故曰易也。易无形埒，易变而为一，一变而为七，七变而为九。九变者，究也，乃复变而为一。一者，形变之始也，清轻者上为天，浊重者下为地，冲和气者为人，故天地含精，万物化生。'"胡应麟反谓《易纬》袭《列子》，盖未知其为伪书也。展延至于北宋遂有周子之《太极图说》。朱子编《近思录》，第一卷论道体者，首先即录此说，而赞为得千圣不传之秘焉。其说云："无极而太极，太极动而生阳。动极而静，静而生阴。静极复动，一动一静，互为其根。分阴分阳，两仪立焉。阳变阴合，而生水火木金土，五气顺布，四时行焉。五行一阴阳也，阴阳一太极也，太极本无极也。五行之生也，各一其性。无极之真，二五之精，妙合而凝。乾道成男，坤道成女，二气交感，化生万物。万物生生，而变化无穷焉。惟人也，得其秀而最灵。形既生矣，神发知矣，五性感动而善恶分，万事出矣。"（下略）以上所举，儒道两家对于道之原始，由天地未形以前，已有一致之说，而阴阳五行之说，自董仲舒之《春秋繁露》，早有相同之点。即其他各教，如回教之说，亦有与儒教相类者。故陆九渊云："东方有圣人出焉，此心同，此理同也。西方有圣人出焉，此心同，此理同也。"盖深造有得之言矣。

第三节　道家之所谓道

然则道家之所谓道，果何如乎？首先当观《老子》之说，其言曰："视之不见名曰夷，听之不闻名曰希，搏之不得名曰微，此三者不可致诘，故混而为一。其上不皦，其下不昧，绳绳不可名，复归于无物，是谓无状之状，无物之象，是谓惚恍。迎之不见其首，随之不见其后，执古之道以御今之有，能知古始，是谓道纪。"又"有物混成，先天地生。寂兮寥兮，独立不改，周行而不殆，可以为天下母，吾不知其名，字之曰道。强为之名曰大。大曰逝，逝曰远，远曰反。故道大，天大，地大，王亦大。域中有四大而王居其一焉。人法地，地法天，天法道，道法自然"。其后能发挥道家之极致者，莫如《淮南子》。《淮南子·原道训》曰："夫道者，覆天载地，廓四方，坼八极，高不可际，深不可测。包裹天地，禀授无形，原流泉浡，冲而徐盈，混混滑滑，浊而徐清。故植之而塞于天地，横之而弥于四海，施之无穷而无朝夕，舒之幂于六合，卷之不盈于一握。约而能张，幽而能明，弱而能强，柔而能刚，横四维而含阴阳，纮宇宙而章三光。""泰古二皇得道之柄，立于中央，神与化游，以抚四方。是故能天运地滞，轮转而不废，水流而不止，与万物终始。风兴云蒸，事无不应，雷声雨降，并应无穷。鬼出电入，龙兴鸾集，钧旋毂转，周而复帀，已雕已琢，还反于朴。无为为之而合于道，无为言之而通乎德，恬愉无矜而得于和，有万不同而便于性，神托于秋毫之末而大宇宙之总。其德优天地而和阴阳，节四时而调五行，呴俞覆育，万物群生，润于草木，浸于金石，禽兽硕大，毫毛润泽。羽翼奋也，角觡生也,兽胎不䲴,鸟卵不毈,父无丧子之忧,兄无哭弟之哀,童子不孤,妇人不孀,虹霓不出,贼星不行,含德之所致也。”“忽兮怳兮,不可为象兮,怳兮忽兮,用不屈兮。幽兮冥兮,应无形兮,遂兮洞兮,不虚动兮,与刚柔卷舒兮,与阴阳俛仰兮。昔者冯夷太丙之御也,乘云车,入云霓,游微雾,骛怳忽,历远弥高以极往,经霜雪而无迹,照日光而无景,扶摇抮抱羊角而上,经纪山川,蹈腾昆仑,排阊阖,沦天门。末世之御,虽有轻车良马劲策利锻,不能与之争先。是故大丈夫恬然无思,澹然无虑,以天为盖,以地为舆,四时为马,阴阳为御,乘云陵霄,与造化者俱。纵志舒节,以驰大区,可以步而步,可以骤而骤,令雨师洒道,使风伯扫尘,电以为鞭策,雷以为车轮,上游于霄雿之野,下出于无垠之门。浏览遍照,复守以全,经营四隅,还反于枢。”可见道家之所谓道,实与儒家不同,儒家之道,循乎日用人伦之常,虽后世间以阴阳五行之理,无极太极之真,而仍不违乎仁义中正之道,治国平天下之业。至于道家之道,则以出天地,超万物,为其极致。故道家之道,游乎方之外者也,儒家之道,游乎方之内者也,其涵义固显然不同矣。

第四节　道经之所谓道

晋代以来,玄学大兴,以《易经》、《老子》、《庄子》为三玄(见《颜氏家训・勉学篇》)。东晋葛洪撰《抱朴子》,其首篇即为《畅玄》,曰:“玄者自然之始祖,而万殊之大宗也。眇昧乎其深也,故能微焉。绵邈乎其远也,故称妙焉。其高则冠盖乎九霄,其旷则笼罩乎八隅,光乎日月,迅乎电驰。或倏烁而景逝,或飘泮而星流,或滉漾于渊澄，或雾霏而云浮。因兆类而为有，托潜寂而为无，沦大幽而下沉，凌辰极而上游。金石不能比其刚，湛露不能等其柔。方而不矩，圆而不规，来焉莫见，往焉莫追。乾以之高，坤以之卑，云以之行，雨以之施。胞胎元一，范铸两仪，吐纳大始，鼓冶亿类。回旋四七，匠成草昧，辔策灵机，吹嘘四气。幽括冲默，舒阐粲尉（一作郁）。抑浊扬清，斟酌河渭，增之不溢，挹之不匮，与之不荣，夺之不瘁。故玄之所在，其乐不穷，玄之所去，器弊神逝。夫五声八音，清商流徵，损聪者也。鲜华艳采，彧丽炳烂，伤明者也，宴安逸豫，清醪芳醴，乱性者也。冶容媚姿，铅华素质，伐命者也。其唯玄道，可与为永。不知玄道者，虽顾盼为杀生之神器，唇吻为兴亡之关键，绮榭俯临乎云雨，藻室华绿以参差，组帐雾合，罗帱云离，西毛陈于闲房，金觞华以交驰，清弦嘈嗩以齐唱，郑舞纷糅以委蛇，哀箫鸣以凌霞，羽盖浮于涟漪，掇芳华于兰林之囿，弄红葩于积珠之池，登峻则望远以忘百忧，临深则俯揽以遗朝饥，入宴千门之混晃，出驱朱轮之华仪。然乐极则哀集，至盈必有亏，故曲终则欢发，燕罢则心悲也。寔理势之攸召，犹影响之相归也。欺假借而非真，故物往若有遗也。夫玄道者，得之乎内，守之者外，用之者神，忘之者器，此思玄道之要言也。得之者贵，不待黄钺之威，体之者富，不须难得之货。高不可登，深不可测，乘流光，策飞景，凌六虚，贯涵溶。出乎无上，入乎无下，经乎汗漫之门，游乎窈眇之野，逍遥恍惚之中，倘佯仿佛之表。咽九华于云端，咀六气于丹霞，徘徊茫昧，翱翔希微，履略蜿虹，践蹦旋玑。此得之者也。其次则真知足，知足者则能肥遁勿用，颐光山林，纡鸾龙之翼于细分之伍，养浩然之气于蓬荜之中。褴缕带索，不以贸龙章之暐晔也。负步杖筴，不以易结驷之骆驿也。藏夜光于嵩岫，不受他山之攻，沉鳞甲于玄渊，以违钻灼之灾。动息知止，无往不足，弃赫奕之朝华，避偾车之险路。吟啸苍崖之间而万物化为尘氛，怡颜丰柯之下而朱户变为绳枢。握耒甫田而麾节忽若执鞭，啜荈漱泉而太牢同乎藜藿。泰尔有余，欢于无为之场，忻然齐贵，贱于不争之地。含醇守朴，无欲无忧，全真虚器，居平味澹。恢恢荡荡，与浑成等其自然，浩浩茫茫，与造化钧其符契。如暗如明，如浊如清，似迟而疾，似亏而盈。岂肯委尸祝之坐，释大匠之位，越樽俎以代无知之庖，舍绳墨而助伤手之工。不以臭鼠之细琐，庸夫之忧乐，藐然不喜流俗之誉，怛尔不惧雷同之毁。不以外物汩其至精。不以利害污其纯粹也。故穷富极贵，不足以诱之焉。其余何足以悦之乎。”

《抱朴》之说，只述学道者之功用与其高尚而已。至于包括道教之精义，欲使修道者得返归乎道之真体，不能不以世俗所云纯阳真人之《金玉经》，为必要之表现焉。其言曰：人之于身，为魔之宫，人之于心，为魔之宗，人之动静，为魔之令，天之斡旋，魔之四时，地之派险，魔之历基，一中乍始，魔亦乃齐。魔乎相耶，相乎幻耶，魔相幻无耶，魔何欲我耶。故圣人立其端而息其机，天则以宁。立其机，而息其端，天则以盈。立基立端，魔则易生。魔之于道，利我之锋，道之于魔，亚彼之穷，我其除之，魔亦宜之。内魔既易，外魔乃降，玄玄假寓，六合孔彰，魔乃道母，道为魔逆，期万有之元元，道魔已矣。一阳二聚，五火三金，了无碍于当人，而慧光灼灼，知有为于蚌月，而癸水融融，起居坐卧，外来之象，经持颠倒，内动之机，不我而形，何知著迹，不形而我，胡绝无尘。昔掏井者而羞触柱，度关者而愧衣羊。道之迷之，劫之所谓，迷之以道，不劫而归。道之以未发之明，魔之以未明之发。然之自然，查乎其相，然之未然，冥乎最上，未然以然，而然之无上。太上好生之法，玄黄无象之机，机其一见，乃杀其仪。魔其有觉，敢抗其机，天杀机而星宿移，地杀机而龙蛇离，人杀机而天地颓，天地之机，而人以为。故魔之境，不离人机，人苟无机，而魔何归。持世上之杳杳之至精，而魔降矣。尽无始之至相，而魔亡矣。魔之既亡，道乃无疆。冯万物者，不解未来，俯一元者，既酬已过。似其见闻而夕死之机在矣。容其寂灭，而无生之法尽矣，至灭至穷，道之以崇，至穷至灭，魔之为劫。魔道日然。而道魔何设，檀园不落其昙，而八极在表。修道之教，率性无为，体付烟波，不摇是化。屠牛仞其广额，而登最上之空空，欲转灵丸，是无尺界。弥罗见相，顿归见相之缘，太极消因，始破消因之欲。魔之有却，魔乃随形不以其形，魔何以故。天之魔之，地之魔之，人之魔之，三才魔之，欲不以三才之魔，而绝未魔之幻，魔其在也，天何以张，天其在也，地何以长，地其在也，人何以亡。其魔之在有，道之在无，道以无无，魔何在有。盖六气而生九极之微，八节而参十月之满。魔乎道也，道乎魔也，我无道基，道无魔虑，纯纯乎如冰炭之离，炯炯乎于道魔之外。降之未白，正之以华，白欲其明，华何默默。是守未判而关心，是悟未合而以觉，其道乃新，而魔不犯也矣(除魔章第一)。穹穹者虚，合之以体，体成而虚归，道成而无已。道之须臾，不离是体。其道也，未有其道也，欲究其道也，道何以有也。道生于万物之前，而在于万物之本。万物于未道之中，而化道之本末。其道也宜，其物也宜，道物两宜，我何以宜。不法不道，谓之预教。故太上以无名之名，而道之以道。道其御也徐，道其合也离，道之冥茫，人之废藏，道之渺渺，劫其多少。故坎离夺天地之先，日月发阴阳之大。灵明二象，遍乎四维，瞻之以悠悠，得之以朗朗，悬之在前，立于其垣，把之以心，畅之以神。故其道也，未有其道也。以我之为，用彼之道，玄珠添癸水之潭，离焰结青莲之盖。道其守也以融融，而清静应之，道其离也以遥遥，而呼吸应之，桔槔汲象外之源，龙蛇舞混元之浪。悟七十二候之迁移，五十四相之觉照，天一生水，地六成之。道之在乾而孤，道之在坎而静，道之在我而忘体，道之在彼而逍遥。均一道也，分以渊源，混黑白之沦流，并金木之气息。上则以清，下则以宁，上则以明，下则以灵。贯万法于不见之中，而道有径，贯万法于既见之始，而道有性。鼎云绕剑，空光撇不胜之根，紫雪凝炉，净月了未萌之欲。复有幻闻，复有泰相，复有归来，复有十兆，复有无无，复有微奥，低昂于四井之园，隐见于箕尾之外。理若君臣，亲如父子，生兮于不动之先，应兮于开运之后，刚柔顺逆，数之新也，生老病死，道之穷也。一象六坤，五行八节，寻邪正于未剖之初，邪正自剖，觅汞铅于有觉之中，汞铅自觉。阴阳三返，圣人泄一贯之微，金玉九还，佛老立亿劫之行。坤元恒顺，纪序健明，循环六爻，升沉四气。道之外也为赘疣，道之比也为磐石。鼓然化出，人莫穷之，眩然亚矣，鼓然消长，人莫留之。圣人囥矣，天命在我，地运依依，究生杀于三才之颠，而命运合矣。佳兵不祥之气，圣人尚然用之，况瑞麟祥符。酬太上之生，盗太极于一时，百千万亿，盗太极于亿劫，上下察之。东南不丧，西北兴之，天地不危，圣贤合之，彼此不离，道德罗之，神鬼不藏，阴阳结之，云霞不聚，日月明之，恩怨不生，情机遁之，寒暑不变，二气由之，道其在也。镜影不齐，道其灭也。神光空泛，非道者，何以知道之源，非不道者，何以不知道之源。道其一也，不以二为，道其大也，不以细为，小大由之，而道自彰。道生道灭，存乎莫忘。欲明不道而道之理，其机息矣。其机息矣，乃道之微，如是之微，道则已矣(悟道章第二)。万源之源，派乎九野，在在周之，禹步为治。源之在上，泻圣脉于清；源之在下，涌灵流于坎；源之在人，运血气于身；源之在物，按消长于时；源之在道，分教于化邪正；源之在性，转河车于顺逆；源之在时，定潮汐于子午；源之在我，控澄碧于阴阳。源之在行潦而困，源之在沧海而洋，源之在井而愧，源之在池而静，源之在未判而空，源之在有象而酌。源之在杀也，而洪水泛乱；源之在生也，而润泽济湖；源之在忠也，而国脉和；源之在孝也，而家派发；源之在奸也，而运用滞；源之在忤也，而溲汙凝，源之在圣贤也，而天地包；源之在众生也，而岁月沦。其源之所派不齐，而源之原一也。故太上有道德之源，孔子有明德之源，佛、老有见性之源。气其合源，源何以别。源之清而道生，源之浊而道息。其源之始也，不知其源，而源之末也，不明乎源。源之在癸，为天一之津，源之在亥，为地六之法。癸以离齐，离以癸交。离癸交齐，万源合气，悟彼万源，而巨航有力（万源章第三）。一以道元，三曰物母，物既道由，三宜一主。苍苍者一也，冥冥者道也。一不总之，而万类混矣，一不分之，而阴阳寡矣，一不始之，而道基颓矣。故太上所谓得一万事毕，孔子所谓一以贯之，释迦所谓万法归一。一之至理，莫尽莫穷，一之至奥，何所不容。天其覆也以爱，地其载也以恩。一中之中，归之见空，一中之二，归之源宗，一已不已，而道乃隆。一之化也而还虚，一之继也而复始。骊龙抱一，金珠现无上之光，白虎含三，紫雪长灵苗之蕊。一其在也，我欲存之，一其满也，我欲散之，一其化也，我欲归之，一其正也，我欲弼之，一其道也，我欲总之。总之于道，圣人得之，圣人得总一之机，而瓆玑毕矣，圣人得总一之旨，而天地合矣。总之以成，化之以蒙，总之以气，运之以冲。道之所欲，惟一是行，抱元守一，诚为良工。怀万源于一，分九极于中。人为一气之先，而人是悟，人归二气之后，而人是迷。一之阖辟，为易之门，一之聚散，成乾之体。我其总之，而一机乃秘，我其一之，而总一之机尽矣（总一章第四）。太始之气，万物一灵，太始一脉，布以众生。惜酉劫之迷痴，因其自弃，沉后果之欲爱，堕以尘情。慈航有普济之缘，顽无浮波之日，轮回自转，万苦相侵。或水火刀兵盗贼，或瘟疾刑法饿死，种种罪孽，何以解脱，以故奏请弥罗，飞鸾度化，救苦劫之愚迷，拔修功之善类。婆心切切，洪愿归来，一切众生，惟依是镜。若有猛悟，即便皈依。逢甲子庚申朔望，本命之期，涤其尘襟荡其彭祟。朝太极于无极之中，悟有我于无我之外，默朝上帝，静合三清，忏前愆以自新，悔后过而见觉。如仙如佛，忠孝为先，希圣希贤，善良是本。结人鬼之缘，遂樵沙之志，一切恶趣苦难，行太上感应之篇，尽悉消除。更有一切男女，在于苦厄之中，洗心发愿，诵此经一千遍，存想善神善事善境，行住坐卧，持唵呵喇叭嘚唎吽吽真言，心口运转，决绝尘思。功至一月，解疾病之苦，功至二月，解患难之苦，功至百日，解一切之苦，功至千日，解举家之苦，功至三千日，解举家一世之苦，功至五千日，解屡劫沉沦之苦，功至万日可入玄宗，别有脱度。若如是始终不颓，遵依金玉之法，按节修持，或天仙地仙神仙人仙，一切等等功夫自然了悟。默会于心，弥罗有诏，超脱凡尘，度世立功，广行救拔（救苦章第五）。真其归乎，假所以悟，假其归乎，真自以出。人生见闻。浑然假寓，认我之假，真乃互互。天亦人也，地亦人也，人亦人也，惟人劫之假，而假四时五行之运，迷于百千万亿之假，终何以归。故天地生形，合人之度。了其性命，著落则归，而三才之真归矣，弥历延延，风收云定，真假混混，性冷命休，一切所为，假关笼结。至真之真，颓已莫知，分玄黄于静觉，知黑白于真空，守玄阳于神谷，回水火于泥丸，黄庭抱我之源，赤子笑人之爱，此皆真也。天假浮云，地假消长，人假老幼，物假迁移，此皆至假之假也。引内之根，分外之境，神清气合，精满时宜。位中而守二气，心中而护九阳，任来任往，厥然不动，任收任放，乐其无为，三魂不散于窍，七魄不凝于机。太上合元始之形，日月照未生之德，绵绵八节，默默四时。天设道以还我，地设法以还人，人设运用以还物，三才既设，而当真之真散矣。天无烟霞变幻之象，而天自真；地无江湖泛乱之畏，而地自真；人无死生小大之因，而人自真；物无三才消长之赖，而物自真；我无虚实存忘之慧，而我自真。我之真真，能劈天地之假；我之真真，能改人物之假。一切梦幻泡影之觉，乌足有怜。是真上至上之真，始出至道之真。真之归性，乃曰还元；真之归命，乃曰还丹；真之归化，乃曰还还；真之归假，乃曰还见；真之归造，而真乃全；真之至至，而真反顽；真之不真，其真自然；归乎归乎，真其明德。始之真而真实，终之真而真假，故真之归也，而假以应之，能以假里之真，觅无上之真，一灵真矣，无上至真之真，在我之真，是名真人。真天真地之真，尽归于至真之人，而真归矣，而真人备矣。苟察天地之真，天地之真，原即我之真，我之真真，真之至矣（归真章第六）。

第五章　道教以前之信仰

世界之宗教，皆由原始之信仰而来，其初皆至单简，其后趋于复杂，乃形成为宗教。迨既成宗教之后，仍吸收环周之物象而愈庞大，遂至分裂为各派。然最初之信仰，仍与各派并行于人间。即如道教，其义理固本之道家，而其信仰，实由古之巫祝而来，辗转而为秦、汉之方士，又演变而成今之道士。然虽在今日，巫祝仍与道士并行不废，且彼此相混合焉。兹分述之如下。

第一节　古代之巫祝史

道教之所谓道，其涵义固甚玄奥，但此字实从古代之神道而来。《易·系辞》云："圣人以神道设教。"《中庸》很阐明"神道设教"之意义，引孔子言："鬼神之为德，其盛矣乎？视之而弗见，听之而弗闻，体物而不可遗，使天下之人，斋明盛服，以承祭祀，洋洋乎如在其上，如在其左右。"是也。故后汉时即称道教为鬼道，鬼道实继神道而兴者也。

古代之神道，主其事者为巫祝史，尤异者为立尸。《中庸》斋明盛服数语，即指立尸而言，传说三代祭祀鬼神，皆有尸，但夏、商无考（《礼记》所言不可信），惟周代最详，周人祭祖，以孙为尸，盛服饮食，其父母跪拜供献，视为祖先所依附者。《诗·楚茨》云："神具醉止，皇尸载起，鼓钟送尸，神保聿归。"此祭毕送尸之辞也。皇尸、神保，皆尊尸之称也。立尸之俗，据《通典》所说，蛮夷亦有此风。《通典·礼典》八《立尸议》云："自周以前，天地宗庙社稷，一切享祭，凡皆立尸，秦、汉以降，中华则无矣。"注云："按后魏文成帝拓拔濬时，高允献书云：'祭尸久废，今风俗则取其状貌类者以为尸，祭祀宴好，敬之如夫妻，事之如父母，败损风化，黩乱情礼。'据文成帝时，其国犹在代北。又按周隋《蛮夷传》，巴梁间每秋祭祀，乡里美鬓面人，迭迎为尸以祭之。今柳道州人每祭祀迎同姓丈夫妇人伴神以享，亦为尸之遗法。"可知非三代独有也。

至于巫、祝、史，三代以前已有之，《国语·楚语》观射父曰："古者民神不杂，民之精爽不携二者，而又能齐肃衷正，其智能上下比义，其圣能光远宣朗，其明能光照之，其聪能听彻之，如是则明神降之，在男曰觋，在女曰巫。是使制神之处位次主，而为之牲器时服，而后使先圣之后之有光烈，而能知山川之号，高祖之主，宗庙之事，昭穆之世，齐敬之勤，礼节之宜，威仪之则，容貌之崇，忠信之质，禋絜之服，而敬恭明神者以为之祝。使名姓之后，能知四时之生，牺牲之物，玉帛之类，采服之仪，彝器之量，次主之度，屏摄之位，坛场之所，上下之神，氏姓之出，而心率旧典者为之宗。……及少皞之衰也，九黎乱德，民神杂糅，不可方物，夫人作享，家为巫史。"可以为证。尤以巫为广泛于世界文野之民间，实一切宗教之起原，而道教亦不能外是也。《说文》云："巫，祝也，女能事无形，以舞降神者也。像人两褎舞形。"近人据殷商卜文，则谓巫字像两手捧玉之形。姑无论像舞形，像捧玉，要皆事神之所为。殷人尚鬼，故重巫，如巫咸巫贤为相，周人立尸，视巫颇轻，如鲁君因天久不雨，欲曝巫，县子言巫乃愚妇人,曝之何益(见《礼·檀弓》)。晋景公以巫言不验,杀巫(见《左传》)。战国初,西门豹沉巫于河,更以滑稽出之(见《史记·滑稽列传》)。惟周代之楚国,则甚重巫(见前所引楚观射父语)。按灵(靈)字从雨落从巫,象神灵下附于巫之状,楚不立尸,而以巫为神所附者。故《楚辞》如《九歌·东皇太一》云:"灵偃蹇兮姣服,芳菲菲兮满堂。五音纷兮繁会。君欣欣兮乐康。"又《云中君》云:"灵连蜷兮既留,烂昭昭兮未央,蹇将憺兮寿宫,与日月兮齐光。龙驾兮帝服,聊翱游兮周章。灵皇皇兮既降。猋远举兮云中。"此皆指巫所附之神也。及汉代而巫风更盛,盖聚秦与六国之巫皆用之,如《史记·封禅书》云:"长安置祠祝官女巫:其梁巫,祠天地、天社、天水、房中、堂上之属。晋巫,祠五帝、东君、云中、司命、巫社、巫族人、先炊之属。秦巫,祠社主、巫保、族垒之属。荆巫,祠堂下、巫先、司命、施糜之属。九天巫祠九天,皆以岁时祠宫中。其河巫,祠河于临晋;而南山巫,祠南山秦中。"以上所云,大都女巫,亦有男巫承祀者,盖自周以来,巫觋已混合称之也。例如后汉人撰《曹蛾碑》,称其父婆娑乐神,竟以溺死,此则男巫之证也。然女巫迄后世仍盛行,如《晋书·夏统传》云:"其从父敬宁祠先人,迎女巫章丹、陈珠二人,并有国色,庄服甚丽,善歌舞。又能隐形匿影。甲夜之初,撞钟击鼓,间以丝竹。丹、珠乃拔刀破舌,舌刀吐火,云雾杳冥,流光电发。统诸从兄弟欲往观之,难统。于是共绐之曰,从父间疾病得瘳,大小以为喜庆,欲因其祭祀,并往贺之,卿可俱行乎?统从之,入门,忽见丹、珠在中庭,轻步徊舞,灵谈鬼笑,飞触挑柈,酬酢翩翻。"此皆仍以女巫为重。后代男巫遂有女装歌舞祈祷者,或因禁令,或由其他变迁。如唐时新罗之花郎,实由女巫而改变,使贵族子弟装饰女子,敷粉涂脂,携挈徒侣。游行山川,号为混融三教（儒、释、道），亦称仙花，仙源，此乃东北女巫之遗风。今西伯利亚满洲之萨满教，其男巫亦或作女装跳舞，而楚、粤之端公、喃巫等类，亦如是也。阮元《广东通志》引《粤东笔记》："永安俗尚师巫，人有病重，则画神像于堂，巫作姣好女子，吹牛角鸣锣而舞，以花竿荷一鸡而歌。……仙姐与女巫不同，女巫以男子为之，仙姐以瞽人妇为之。"五南、贵州之苗瑶诸族，亦畅行巫风，且世俗亦竟呼为道士。仲家、花苗、罗罗三种言语不同，虽有文字，而已失传，虽有书而波摩（道士）亦不解。罗罗道士用羊皮鼓；云南之散民、子君、罗罗皆有经文与觋爸。猺人皆不识文字，但有觋爸之经典、咒语用之，而觋爸于文气之较深者，亦不能解。至江南所谓师娘之类，以看香头鬼神附体之事惑人，亦皆女巫之类耳。今中国之道教，虽与通行之巫觋似有分别，然其祈祷禁咒之术，何以异耶。

祝，《说文》"祝主赞事者"，此为以言词告于鬼神之人。《诗·楚茨》云："工祝致告"，是也。又为迎送鬼神享祀，从旁侑劝之人，详见《仪礼》。《楚辞·招魂》亦云："工祝招君，背行先些"，此言祝迎神而导之入也。故祝须有口才，以美言悦神。孔子云："不有祝鮀之佞……难乎免于今之世矣。"（见《论语》）凡祝有告神之致飨词，亦有代神致答之赐嘏辞。今举《后汉书·祭祀志注》以见一斑："丁孚《汉仪》有桓帝祠恭怀皇后祝文，曰：'孝曾孙皇帝志，使有司臣太常抚，夙兴夜处，小心畏忌，不堕其身，敢用絜牲一元大武、柔毛、刚鬣、商祭、明视、芗萁、嘉荐普淖、咸鹾丰本、明粢、醪，用荐酎事于恭怀皇后，尚飨。'《嘏辞》云：'赐皇帝福，恭怀皇后命工祝，承致多福无疆于尔孝曾孙皇帝，使尔受禄于天，宜稼于田，眉寿万年，介尔景福，俾守尔民，勿替引之。'"后代除家庭外，凡神庙皆以道士为庙祝，今俗称为太保者也。

史在周代，甚为重视，一切帝王神话，皆由彼传说。嗣后另成专家，不与巫祝为缘矣。

第二节　秦汉之方士

当战国之初，神仙之说，楚国已高谈之，《楚辞 · 远游》云："飡六气而饮沆瀣兮，漱正阳而含朝霞。保神明之清澄兮，精气入而粗秽除。""吸飞泉之微液兮，怀琬琰之华英。玉色頩以脕颜兮，精纯粹而始壮。"盖在战国之季，不第呼吸吐纳，为当世所习慕，且升仙之谈，亦为所乐道。而老子之言，亦遂引用焉。故《远游》又云："载营魄而登霞兮，掩浮云而上征。命天阍其开关兮，排阊阖而望予。召丰隆使先导兮，问太微之所居。集重阳入帝宫兮，造旬始而观清都。朝发轫于大仪兮，夕始临乎于微闾。屯余车之万乘兮，纷容与而并驰。驾八龙之婉婉兮，载云旗之逶迤。建雄虹之采旄兮，五色杂而炫耀。服偃蹇以低昂兮，骖连蜷以骄傲。骑胶葛以杂乱兮，班漫衍而方行。挽余辔而正策兮，吾将过乎句芒。历太皓以右转兮，前飞廉以启路。阳杲杲其未光兮，凌天地以径度。风伯为余先驱兮，氛埃辟而清凉。凰皇翼其承旂兮，遇蓐收乎西皇。揽彗星以为旍兮，举斗柄以为麾。叛陆离其上下兮，游惊雾之流波。时暧曃其曭莽兮，召玄武而奔属，后文昌使掌行兮，选署众神以并毂。路漫漫其修远兮，徐弭节而高厉，左雨师使径侍兮，右雷公以为卫。欲度世以忘归兮，意恣睢以担挢，内欣欣而自美兮，聊偷娱以淫乐。"可见楚国对于仙人之说，已极烂漫之至。而齐、燕方士，尤播传于北方，此其何故欤？战国诸王，贵极富溢，所不足者，长生不老，升为神仙耳。然欲使彼等效呼吸引申静坐默想之功,决所不耐。方士乃迎合之,为之求仙及长生药,使可不劳而获成仙。此彼辈之所甘心,不惜耗人民之脂膏金钱,供方士之用者也。故《史记·封禅书》云:“自齐威宣时,驺子之徒,论著终始五德之运。及秦帝而齐人奏之,故始皇采用之。而宋毋忌、正伯侨、充尚、羡门子高最后皆燕人,为方仙道,形皆销化,依于鬼神之事。驺衍以阴阳主运显于诸侯,而燕齐海上之方士,传其术不能通。然则怪迂阿谀苟合之徒,自此兴,不可胜数也。自威宣燕昭使人入海求蓬莱、方丈、瀛洲,此三神山者,其传在勃海中,去人不远。患且至则船风引而去,盖尝有至者。诸仙人及不死之药皆在焉,其物禽兽尽白,而黄金银为宫阙,未至,望之如云,及到,三神山反居水下,临之。风辄引去,终莫能至云。世主莫不甘心焉。及至秦始皇并天下,至海上,则方士言之不可胜数。始皇自以为至海上而恐不及矣,使人乃赍童男女入海求之,船交海中,皆以风为解。曰,未能至,望见之焉。”及汉武帝尊少君,少君言于上曰:“祠灶则致物;致物而丹沙可化为黄金;黄金成,以为饮食器,则益寿;益寿而海中蓬莱仙者乃可见,见之。以封禅则不死,黄帝是也。臣常游海上,见安期生,安期生食巨枣大如瓜。安期生仙者,通蓬莱中,合则见人,不合则隐。于是天子始亲祠灶,遣方士入海求蓬莱安期生之属,而事化丹沙诸药齐(与剂同)为黄金矣。”于是祠祭服食之术皆由此盛。刘向为汉大儒,成帝时亦学烧炼黄白之术。《汉书·刘向传》云:“上复兴神仙方术之事,而《淮南》有《枕中鸿宝苑秘书》,书言神仙使鬼物为金之术,及邹衍重道延命方。世人莫见,而更生(即刘向)父德,武帝时治淮南狱得其书。更生幼而读诵,以为奇,献之,言黄金可成。上令典尚方铸作事,费甚多,方不验。”而《列仙传》亦相传为向所撰焉。王莽专心复古，亦好神仙之言，《莽传》云："伏念《紫阁图文》，太一、黄帝、皆得瑞以仙。"又《汉书·郊祀志》云："王莽种五梁禾于殿中，各顺色置其方面，先鬻（与煮同）鹤髓（亦作髓）毒冒犀玉二十余物渍种，计粟斛成一金。言此黄帝谷仙之术也。"（师古注）"五色禾也，谷永所谓耕耘五德也。"（谷永亦成帝时学者，但不信仙道）其勤求升仙可想。其时有道士西门君惠，刘向之子歆信其言，欲代莽为帝而卒被杀者，亦即方士也。迄于东汉，此风弥彰，所谓方士之道术，已渐合并于道教之中。《后汉书·方术传》云："神经、怪牒、玉策、金绳，关扃于明灵之府，封縢于瑶坛之上者，靡得而窥也。至乃河洛之文，龟龙之图，箕子之术，师旷之书，纬候之部，钤决之符，皆所以探抽冥赜，参验人区，时有可闻者焉。其流又有风角、遁甲、七政、元气、六日七分、逢占、日者、挺专、须臾、孤虚之术，及望云、省气、推处祥妖，时亦有以效于事也。而斯道隐远，玄奥难原。"由是一切占卜星纬之法，亦皆并入于道教之中。三国之士，更耽其说。魏文帝《典论》曰："颍川却俭能辟谷，饵伏苓。甘陵甘始亦善行气，老有少容。庐江左慈知补导之术，并为军吏。初，俭之至市，伏苓价暴贵数倍，议郎安平李覃学其辟谷，餐伏苓，饮寒水，中泄利，殆至殒命，后始来，众人无不鸱视狼顾，呼吸吐纳，军谋祭酒弘农董芬为之过差，气闷不通，良久乃苏。左慈到，又竞受其补导之术，至寺人严峻往从问受，阉竖真无事于斯术也。人之逐声，乃至于是。光和中，北海王和平亦好道术，自以当仙。济南孙邕少事之，从至京师，会和平病死，邕因葬之东陶。有书百余卷，药数囊，悉以送之，后弟子夏荣言其尸解，邕至今恨不取其宝书仙药。刘向惑于《鸿宝》之说，君游眩于子政之言，古今愚谬，岂惟一人哉。"东阿王作《辩道论》曰："世有方士，吾王悉所招致，甘陵有甘始，卢江有左慈，阳城有郄俭。始能行气导引，慈晓房中之术，俭善辟谷，悉号有三百岁。卒所以集之于魏国者。诚恐世人之徒，接奸宄以欺众，行妖慝以惑民，岂复欲观神仙于瀛洲，求安期于海岛，释金辂而履云舆，乘六骥而弄飞龙哉。自家王与太子及余兄弟，咸以为调笑，不信之矣。然始等知上遇之有恒，奉不过于员吏，赏不加于无功，海岛难得而游，六黻难得而佩，终不敢进虚诞之言，出非常之语。余常试郄俭，绝谷百日，躬与之寝处，行步起居自若也。夫人不食七日则死，而俭乃如是，然不必益寿可以疗疾，而不惮饥馑焉。左慈善修房内之术，差可终命，然自非有志至精，莫能行也。甘始者，老而有少容，自诸术士咸共归之，然始辞繁寡实，颇有怪言。余常辟左右，独与之谈，问其所行，温颜以诱之，美辞以导之。始语余，吾本师姓韩字世雄，尝与师于南海作金，前后数四，投数万斤金于海。又言，诸梁时，西域胡来献香罽腰带割玉方，时悔不取也。又言，车师之西国，儿生擘背出脾，欲其食少而努行也。又言，取鲤鱼五寸一双，令其一煮药，俱投沸膏中，有药者奋尾鼓鳃，游行沉浮，有若处渊，其一者已熟而可啖。余时问言，率可试不？言是药去此逾万里，当出塞。始不自行，不能得也。言不尽于此，颇难悉载，故粗举其巨怪者。始若遭秦始皇、汉武帝，则复为徐市、栾大之徒也。”故道教之方术，遂以多端。试引《渊监类函》道部崔元山《濑乡记》曰：“老子为十三圣师，养性得仙，各自有法，凡三十六。或以五行六甲陈，或以服食度骨筋，或以深巷大岩门，或以呼吸见丹田，或以流理还神丹，或以歔歙游天山，或以元阳长九分，或以恬澹存五官，或以清净飞凌云，或以三神建斗回，或以三五竟复还，或以声罔处海滨，或以三黄居魄魂，或以太乙行成均，或以六甲御六丁，或以祭祀致鬼神，或以吹呴沉深泉，或以命门固灵根，或以璇玑得玉泉，或以专守升于天，或以混沌留我年，或以把握知塞门，或以太乙柱英氛，或以虚无断精神，或以黄庭乘僮人，或以柱天得神仙，或以玉衡上柱天，或以六甲游玄门，或以导引俛仰伸，或以寂寞在人间，或以药石上腾云，或以九道致红泉，或以厥阴三毛间，或以去欲但存神。”其门类之纷歧，盖不可胜计，然皆由秦、汉方士汇集而来。今之《道藏》，亦莫能外是耳。

第六章　道教之形成

第一节　于吉太平道及张角

迨后汉时，而道士之名称遂固定，而道之名亦由是起。王莽时道士西门君惠，桓谭《新论》尚称为方士，可证方士改称道士，端在前后汉交替之时也。《后汉书·第五伦传》云："所过辄为粪除而去，陌上号为道士。"此可见道士以清洁为标帜，人民皆习知其名矣。至顺帝时而有太平道出现。《后汉书·襄楷传》云："初，顺帝时，琅邪宫崇诣阙，上其师于吉于曲阳泉水上所得神书百七十卷，皆缥白素朱介，青首朱目，号《太平清领书》。其言以阴阳五行为宗，而多巫觋杂语。有司奏：'崇所上妖妄不经'，乃收藏之，后张角颇有其书焉。"注引"《太平经》（按今《道藏》中尚有之，在太平部，凡一百十九卷，云多缺卷）曰：'吾书中善者，悉使青下而丹目，合乎吾之道乃丹青之信也。青者主仁而有心，赤者太阳，天之正色也。''天失阴阳则乱其道，地失阴阳则乱其财，人失阴阳则绝其后，君臣失阴阳则其道不理，五行四时失阴阳则为灾。今天垂象为人法，故当承顺之也。'又曰：'天上有常，神圣要语，时下授人以言，用使神吏应气而往来也。人众得之谓神咒也。咒百中百，十中十，其咒有可使神为除灾疾，用之所向无不愈也。'"桓帝时，襄楷又上书言：

“前者宫崇所献神书，专以奉天地顺五行为本，亦有兴国广嗣之术，其文易晓，参同经典，而顺帝不行。”注引“《太平经典·帝王篇》曰：真人问神人曰：‘吾欲使帝王立致太平，岂可闻邪。’神人言：‘但顺天地之道，不失铢分，则立致太平。元气有三名，为太阳、太阴、中和；形体有三名，为天、地、人；天有三名，为日、月、星，北极为中也。地有三名，为山、川、与平土；人有三名，为父、母、子；政有三名，为君、臣、人；此三者，常相得腹心，不失铢分，使其同一，扰合成一家，立致太平，延年不疑也。’又问曰：‘今何故其生子少也。’天师曰：‘善哉，子之言也，但施不得其意耳。如令施其人，欲生也，开其玉户，施种于中，比若春种于地也，十十相应和而生，其施不以其时，比若十月种物于地也，十十尽死，固无生者。真人欲重知其审，今无子之女，虽日百施其中，犹无所生也，不得其所生之处，比若此矣。是故古者圣贤不妄施于不生之地也，名为亡种竭气而无所生成。今太平气到，或有不生子者，反断绝天地之统，使国少人。理国之道，多人则国富，少人则国贫。今天上皇之气已到，天皇气生物，乃当万倍其初天地。’”此实道教经典之缘起，即真人天师之名位亦由此出（真人之称，已见《庄子》。天师名词，亦袭用《庄子》黄帝称牧马童子者）。

未几而张角之乱作。张角亦主张太平道者也。《后汉书·皇甫嵩传》云：“初，巨鹿张角自称大贤良师，奉事黄老道，畜养弟子，跪拜首过，符水咒说以疗病，病者颇愈，百姓信向之。角因遣弟子八人使于四方，以善道教化天下，转相诳惑，十余年间，众徒数十万。连结郡国，自青、徐、幽、冀、荆、扬、兑、豫八州之人，莫不毕应。遂置三十六方，方犹将军号也，大方万余人，小方六七千，各立渠帅。讹言苍天已死，黄天当立，岁在甲子，天下大吉。以白土书京城寺门及州郡官府，皆作甲子字。”“角等知事已露，晨夜驰敕，诸方一时俱起，皆著黄巾为标帜，时人谓之黄巾，亦名为蛾贼，杀人以祠天。角称天公将军，角弟宝称地公将军，宝弟梁称人公将军，所在燔烧官府，劫略聚邑。”其后张角虽平，而于吉尚传道江南。《三国志·孙策传》注引《江表传》曰：“时有道士琅邪于吉，先寓居东方，往来吴会，立精舍烧香，读道书，制作符水以治病，吴会人多事之。策尝于郡城门楼上，集会诸将宾客，吉乃盛服，杖小函，漆书之，名为仙人铧，趋度门下。诸将宾客三分之二下楼迎拜之，掌宾者禁诃不能止。策即令收之，诸事之者悉使妇女入见策母，请救之。母谓策曰：‘于先生亦助军作福，医护将士，不可杀之。’策曰：‘此子妖妄，能幻惑众心，远使诸将不复相顾君臣之礼，尽委策下楼礼拜之，不可不除也。’诸将复连名通白事陈乞之。策曰：‘昔南洋张津为交州刺史，舍前圣典训，废汉家法律，常著绛帕头，鼓琴烧香，读邪俗道书，云以助化，卒为南夷所杀。此甚无益，诸君但未悟耳。今此子已在鬼箓，勿复费纸笔也。’即催斩之，悬首于市，诸事之者，尚不谓其死，而云尸解焉，复祭祀求福。”《志林》曰：“初，顺帝时，琅邪宫崇诣阙，上师于吉所得神书于曲阳泉水上，白素朱界，号太平青领道，凡百余卷。顺帝至建安中五六十岁，于吉是时近已百年。”今称道士为黄冠，盖即袭黄巾之服色，而张津著绛帕头，又为后代红巾所自仿也。

第二节 《太平清领书》与《太平经》之关系

于吉之太平清领道，《后汉书注》所引之《太平经》，已备引于前。惟两者之关系如何,有研究之必要。日本小柳司气太曾有极详之考证,兹特移译于下,而删其冗繁,及已引于前节之经文。盖《太平经》虽在今日为道教所不注重,然实可谓为道经之最先者,非若《道德》、《南华》诸经,借诸道家者可比也。

(一)序说　《后汉书·襄楷传》:"楷,恒帝延熹九年上疏云:'臣前上琅邪宫崇受于吉神书,不合明德。'"章怀太子注:"神书即《太平清领书》。"葛洪《神仙传》卷十:"宫嵩者琅邪人也,有文才,著书百余卷。师事仙人干吉,汉元帝时,崇随吉于曲阳泉上,遇天仙。授吉青缣朱字《太平经》十部。吉行之得道。以付崇,后上此书。书多阴阳否泰灾眚之事,有天道,有地道,有人道,云治国者用之,可以长生,此其旨也。崇服云母,数百岁有童子之色,后入纻屿山仙去。"宫嵩即宫崇,干吉即于吉,《神仙传》谓其前汉时代人,至顺帝时代犹生存,达二百岁以上,是神仙家妄诞之谈。其师于吉事迹,《三国志·吴志》卷一《孙策传》裴注引《江表传》、虞喜《志林》、《搜神记》及《吴历》,献帝建安五年,孙策杀于吉,距顺帝时代七十五年,吉寿恐垂百岁,则实有其人也。

《抱朴子》内篇卷十四《勤求篇》:"干(《藏》本作于)吉、容嵩、桂帛诸家各著千所篇(孙星衍本,案容为宫之误)。"卷十九《遐览篇》云:"《太平经》五十卷。"《广弘明集》卷十三,法琳《辨正论》:"道士所说,赦王之世,千室疾病,致感老君,授百八十戒,并《太平经》一百七十篇。"玄嶷《甄正论》云:"又有《太平经》一百八十卷,是蜀人于吉所造。此人善避形迹,不苦录佛经,多说帝王理国之法,阴阳生化等事,皆编甲子,为其部帙。"其所说多少有异。惟《辨正论》引道士所说,信《太平经》一书,晋代尚存在明矣。

今就《道藏》及《后汉书》章怀太子注,与其他道经及类书所引证，知现行之《太平经》，至少在唐代已有之。

章怀注曰："神书即今道家《太平经》也。其经以甲乙丙丁戊己庚辛壬癸为部，每部一十七卷也。"（《神仙传》同）今所见《太平经》，最初十卷分十干，特丁部卷四有《胞胎阴阳规矩正行消恶图》篇名，其他无之，自第十一卷，皆附篇名，直至第百十九卷，其间有缺本，表如下：

一——一〇（甲癸）	存十卷	一一——三四	缺二十四卷
三五——三七	存三卷	三八	缺一卷
三九——五一	存十三卷	五二	缺一卷
五三——五五	存三卷	五六——六四	缺九卷
六五——七二	存八卷	七三——八五	缺十三卷
八六	存一卷	八七	缺一卷
八八——九三	存六卷	九四——九五	缺二卷
九六——一一四	存十九卷	一一五	缺一卷
一一六——一一九	存四卷		
	存卷六十七		缺卷五十二

最初十卷，甲至癸，名《太平经钞》，不知为钞写，为拔萃？此甲至癸十部，盖记全体纲领，以后则敷衍其说也。章怀注按，十干十卷各分十七卷，合计百七十卷。整然如现行《太平经》，后人或编纂纷乱耳。今举章怀注所引五条与现行《太平经》异同如下：

其一，《太平经典·帝王篇》曰："真人问神人曰：吾欲使帝王立致太平，岂可闻邪。"（详见前节）此见经文戊部卷二和三气兴帝法王。

其二，"又问曰：今何故其生子少也。"（详见前节）此见戊部卷五，但仅存"理国之道，多人则国富，少人则国贫"三句。

其三，《太平经》曰："吾书中善者悉使青下而丹目。"（详见前节）此见丁部卷四及庚部卷七。

其四，《太平经》曰："天失阴阳则乱其道。"（详见前节）此无所见，但庚部卷七有"天地不并力，凡物无从得成，君臣不并力，凡事无从得理"云云，与此同意。

其五，《太平经》曰："天上有常，神圣要语。"（详见前节）此见卷五十，《神祝文诀》第七五。

更阅唐代道教之类书，于《一切道经音义》妙门由起（七六〇）引二条：《太平经》云："道者乃天地所常行，万物所受命也。"又云："能得太上之心者，皆无形自然，天仙大人，有真道乃能得太上之心。余者何因得与相见乎。"

此书为玄宗时敕史荣等编纂，《新唐书·艺文志》仙家《道藏音义目录》一百三十卷。

《三洞珠囊》十卷，为唐代王悬河编修者，其中引四条云：

其一，《太平经》第三十三云："真人问曰：凡人何故数有病乎？神人答曰：故肝神去出游不时还，目无明也。心神去不在，其唇青白也。肺神去不在，其鼻不通也。肾神去不在，其耳聋也。脾神去不在，令人口不知甘也。头神去不在，令人晦冥也。脑神去不在，令人腹中央甚不调，无所能化也。四肢神去，令人不能自移也。夫神精，其性常居空闲之处，不居污浊之处也。欲思还神，皆当斋戒香室中，百病消亡。不斋不戒，精神不肯还反人也，皆上天共诉人也。所以人病积多，死者不绝。"现今《太平经》无之。

其二，《太平经》第四十五卷又云："今天不恶人有庐室也，乃恶人凿地太深，皆为创伤。或得地骨或得地血者，泉是地之血也，石为地之骨也。地是人之母，妄凿其母，母既病愁苦，所以人固多病不寿也。凡凿地动土，入地不过三尺为法。一尺者阳所照，气属天也。二尺者物所生，气属中和也。三尺及地身，气属阴。过此而下者伤地形，皆为凶也。古者依山谷岩穴，不兴梁柱，所以其人少病也。后世贼土过多，故多病也。又云：有问者曰：今时有近流水而居，不凿井，何故多病不寿何也。答曰：如此者，是明天地既怒及其比伍，更相承负，比如一家有过及其兄弟也。是知旁地皆下得水，水乃地之血脉，宁不病乎。又云：有问者曰：今人或有不动土，有所立，系旦时，有就故舍，自若有凶，何也。答曰：如是者，行动不利，犯神凶也。问曰：犯何神也。答曰：神者非一，不可务名也。又云：有问者曰：今有起土反吉，无病害者，何也。答曰：皆有害。但得良善地者，不病害人也，久久会且害人也。故大起土有大凶恶，小起土有小凶恶，是即地忿使神灵以此之灾害多病人也。又云：有问者曰：今河海下田作室庐，或无柱梁，入地三尺，辄得水，复当云何也。答曰：此同为害也。宜复浅之者，地之薄皮也，近地经脉也。若人有厚皮难得血，血出亦为伤也。薄皮者易得血，出血亦为伤也。夫伤人者，不复道其皮厚与薄也，见血为罪也。人不欲见伤，伤之则怒，地何独欲乐见伤之哉。夫天地乃人之真本，阴阳之父母也。而子何从当得伤其父母乎。又云：有问者曰：今子当得饮食于母。故人穿井而饱之，有何过乎？答曰：不尔。今人饮其母，乃就其出泉之处也。故人乳者人之泉也，若地有水泉也，事饮人也。今岂可无故穿凿母皮肤，而饮其血汁耶？”（《三洞珠囊》卷一）现存《太平经》四十五，《起出书诀》第六十一拔萃，丙部第三卷细说之。

其三，《太平经》第一百一十四云：“青童君采飞根，吞日景，服开明灵符，服月华符，服除二符，拘三魂，制七魄，佩皇象符。服华丹，服黄水，服回水，食镮刚，食凤脑，食松梨，食李枣，白银紫金，服云腴，食竹笋，佩五神符。备此变化无窥，超凌三界之外，游浪六合之中。”(《三洞珠囊》卷三)《太平经》第一百二十云:“是故食者命有期,不食者与神谋。食气者种明达,不饮不食,与天地相成矣。”(《三洞珠囊》卷四)

其四,第一百四十五云:“问曰:上中下得道度世者,何食之乎?答曰:上第一者食风气,第二者食药味,第三者少食,裁通其肠胃。”又云:“天之远而无方,不食风气,安能疾行周流天之道哉。又当与神吏通功共为朋,故食风气也。其次当与地精并力,和五土。高下山川,缘山入水,与地更相通共食功。不可食谷,故饮水而行也。次节食为常,未成固象,凡人裁小别耳,故少食以通肠,亦其成道之人。”(同上)

以上四节有前记缺卷中文,而鄙见一一四卷之佚文,恐后人附加,后文辨之。

《珠囊》卷九,记老子尹喜至西国,作《化佛胡经》六十四万言,以与胡王,归中国作《太平经》。

《道要灵祇神鬼品经》一卷(八七五)何时编纂不明,恐唐代作,其《灵祇神品》,引《太平经》四条。

其一,“夫神者因道而行,不因德也。故用道者与神明,用德者与神谋。德之与德更明,思神与人内相恃,皆令可睹。”(现在《太平经》)

其二,“古者神圣真人皆能守道,清净之时,旦食,诸神皆呼而与其语言,此若今人呼客矣。”(乙部卷二)“天地四时五行众神,更真人命录,可不敬重念报其恩。不欲为善事,反天神,天神使风雨不调,行气转易,当寒反温,当温反寒。”(庚部卷七)

其三,“大神比如国家忠臣治辅公,名为大神。大神有小私,天见闻知复退矣,故不敢懈息,小神者安得自在。”(现在《太平经》)

其四,“四时之精神,犹风也水也,随人意而为邪正。人正则正,人邪则邪,故须得其人,乃可立事也。不得其人,道难用也。夫水本随器方圆,方圆无常,风气亦随人治,为善恶无常,此其明戒也。天地之神与风气,影响随人,为明戒耳。”(现在《太平经》)

一般类书,即《艺文类聚》、《北堂书钞》、《白孔六帖》三书,有引证本经者。《初学记》卷二三道士第三引《太平经》曰:“悟师一人,教十弟子,十以教百,百以教千,千以教万”一条,类似本经卷三七五《事解承负法》,第四八“今一师说教,教十弟子”云云一节。

更下《云笈七签》,得下三条:

其一,《太平经》云:“文者生于东,明于南。故天文生东北,故书出东北,而天见象。虎有文章,家在寅,龙有文章,象在辰。文者生于东,盛于南,是知夏文初出在东北也。”(《云》卷七,《太平》丁部卷四,及卷六五,《王者赐下法》第一〇〇)

其二,《太平经》云:“何以初思守一也,一者数之始也,一者道之生也,元气所起也,天之纲纪也。”(《云》卷四九,《太平》卷三七五,《事解承负法》第四八)

其三,《大平经》云:“何谓为多言。然一言而致大凶,是为上多言人也。一言而致辱,是为中多言人也。一言而见穷,是为下多言人也。夫古今圣贤也,出文辞满天地之间,尚苦其少有不及者,故灾害不绝。后生贤圣复重言之,天下以为法,不敢厌其言也。故言而除害者,常苦其少。是以善言无多,恶言无少。故古之圣人,将言也皆思之。圣心出而成经,置为人法。愚者出言为身灾害,还以自伤。”(《云》卷八九,当为佚文)

《太平御览》卷六五九有三条,卷六六〇有一条,卷六六八有三条。其文多少差异,皆在现存《太平经》。唯卷六七一一条及卷六七七一条佚文，可疑。卷六六六引十五条，此十五条，仙人方士传记中，有魏、晋时代人，又记陶弘景事。弘景梁武大同二年（西历五三六年）没，当与后汉顺帝时代生存之于吉、宫嵩所藏神书之论，无所差别。但现今《太平经》与《太平清领书》全然为别种书。

如前述在现存《太平经》或因缺数十卷，想此十五条亦当在其中。鄙见此十五条原来《太平经》已佚。或《御览》编纂者之误，乃至印刷之误，否则为赵宋时代《太平经》，后人有窜入者。何则，《太平经》性质为寓言的，非记历史的事实。一读《太平经》，虽何人亦首肯也。自一卷迄百十九卷，概称三皇五帝五霸，其他个人的名称年号地名，其论皆如捕风。如此书中，史实所记十五条可证。

盖唐代《太平经》，即章怀太子之《太平清领书》，即为现行《道藏》中之《太平经》，可无疑义。然篇卷次序，字句异同，果为襄楷上于吉、宫嵩等之《太平清领书》否，即章怀太子所注者否，更当研究。实则《太平经》引证前所记书物，皆唐、宋时代以前，即魏、晋、南北时代书物。《太平经》名称所引证之文之现存者，则旁证为难，不能不以现行《太平经》研核之，而决定其时代也。

（二）《太平经》之内容　《太平经》者太平之意味，天运循环，近天下太平时。故帝王乘此气运，奉体天意行善政，为本经之人所示喻。以神人真人问答之体，记其根本思想。前节引证《后汉书》注“元气有三名，太阳太阴中和”云云，配当天地人三才而分说。

以上三者间，各相调和，有自然之原则，故男子为天，女为地，其间生子，则为父母，一家平和。地为臣，天为君，在一家如父，君臣一致，人民蒙其恩惠，万物自调和，天下太平。

自然即道，道有阴阳五行。《周易》分阴阳八卦，皆中国古代自然哲学，至汉代，此二者合流，而有五行八卦说。《淮南子·本经》

训《天文训》云："其一,人君当奉体天意,天以阴阳四时五行为天使,命令人界。故人君当从此时令。"《淮南子·天文训》云:"人主之情,上通于天,故诛暴则多飘风,枉法令则虫螟,杀不辜则国赤地,令不收则多淫雨。四时者,天之吏也。日月者,天之使也。星辰,天之期也。虹蜺彗星者,天之忌也。"即本经戊部卷五:"夫皇天以四时为肢,地以五行为体。肢主盛衰,体主规矩,此九神同流天下。"又见巳部第六卷《五行神吏》语。

《淮南子》同篇又有刑德之说,刑德犹如阴阳,十一月四月阳即德,五月十二月阴即刑,八月二月,阴阳平均,刑德合门。人主顺此时令以行政令,而阴阳刑德所舍室、堂、庭、门、巷、术、野七舍,其表如下:

德

巳　野——月　四
辰　巷——月　三
卯　门——月　二
寅　庭——月　正
丑　堂——月十二
子　室——月十一

乾

刑

亥　野——月　十
戌　室——月　九
酉　门——月　八
申　庭——月　七
未　堂——月　六
午　巷——月　五

坤

本经内部第三卷及第四四卷案书《明刑德法》第六〇说之曰："夫刑德者，天地阴阳神治之明效，为万物人民法度。"更应用《周易》乾坤二卦，其表如下：

灾祥之说，前汉成帝时代，齐人甘忠可伪造《天官历包元太平经》十二卷言："汉家天运将终，更新受天命，因天帝使真人赤精子传我此书。"李寻、夏贺良等信之，更进说哀帝曰："成帝不应天命，故无继嗣，今陛下久疾，天变地异起，是天谴告，宜改元易号，以一扫邪气，益年寿，生皇子，灾异自消。"哀帝听之，建平二年改元太初元将元年，自称陈圣刘皇帝。(《前汉书》卷七五《李寻传》)

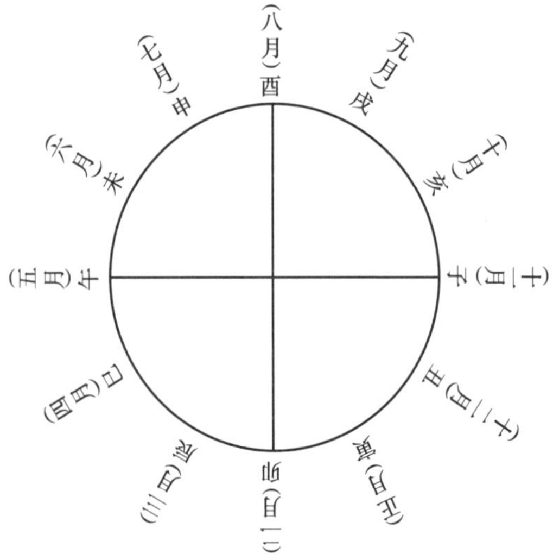

更至后汉，杨厚于顺帝永建二年依图谶之说，谓汉家三百五十年际厄运，上书当修明法宪(《后汉书》卷六十上)。郎𫖮于顺帝阳嘉二年，奏陈七事。本于《诗纬》，谓汉兴以来三百三十九岁，际会一大变革时期(《后汉书》卷六十下)，襄楷信《太平清领书》亦为此类明矣。而襄楷推荐朝廷此书之故，如前述，以乘太平气运施新政，同一意味，当时失皇子，无继嗣，然如前述，《太平经》以阴阳中和三位一体为骨，谓阳即天，为人君，阴即地，为皇后，依此自于中和有皇子诞生，否则失中和之道。曰："夫贞男不施，贞女不化，阴阳不交，灭绝世类。二人绝天地之统，贪虚伪之名，反无后世，失其实核，此天下大害也。"（丙部卷三及卷三五，《一男二女法》第四二，按贞男贞女，贞与正同）

更叙阳尊阴卑之关系云："天法，阳数一，阴数二。……故当二女共事一男也，何必二人共养一人乎？尊者之傍，不可空，为一人行，一人当立其旁，给待其不足。故一者乃象天也，二者乃象地也，人者乃天地之子，故当象其父母（按人君多数女官）。今天下失道以来，多贱女子，而反贼杀之。令使女子少于男子，故使阴气绝，不与天地法相应。"（卷三五《分别贫富法》）"夫男女阴阳者，本元气之所始起，阴阳之门户也。人所受命之处是其本也。故男受命者，盈满而有余，其下左右尚有一实，上者盈满而有余，常施下阴，而积聚有余。"（巳部卷六及卷九三，《阳尊阴卑法》第一三八）

顺帝阳嘉二年正月，郎觊上奏，谓当时宫殿官府之土木皆极奢侈，故山陵数度炎上，谏者引《易天人应》（纬书名）之语。《太平经》云："地乃人之母，大兴土功，是子母害同。地下一尺，阳气所照。二尺，则万物生气所生，为天地中和之处。三尺，地之本身，发掘土地而营家屋，作园地，皆害阴阳中和三位一体太甚。"（丙部卷三及卷四五，《起土出书诀》第六一）又以为俗人事死亲与生时同，是误阴阳道理也。人死为阴，事阴如阳，阴气遂压阳，诸种灾祸起。曰："上古之人，理丧但心至而已。送终不过生时，人心纯朴少疾病。中古理渐失法度，流就浮华，竭尽财篇送终之具。而盛于条记,而鬼神益盛,民多疾疫,鬼物为祟,不可止。下古更炽,祀他鬼而兴阴,事鬼神而害生民,臣乘君权,女子专家,兵革暴起。”云云。(丙部卷三及第三六卷,《事死不得过生法》第四六,按:此事因当时葬仪奢侈,故有此言。见王符《潜夫论·浮侈篇》,妇女子溺于巫祝迷信,贵戚厚葬,物力滥费。)

据范史所记,《太平清领书》多巫觋杂语。今寻《太平经通览》,瘦语谜诗之类。其言云:“吾宗十一明为止,丙午丁巳为祖始。四口理事万事理,子巾用角治其右,潜龙勿用欲为纪,人得见之寿且久,治百万人仙可待,善治病者勿欺殆。乐乎长安市,使人寿如西王母,此若四时周反始,九十字策传方士。”

襄楷时,桓帝崇信黄老浮屠,尚清虚无为,如二氏修守一之德。然帝沉溺女色,极口腹之欲。《太平经》遂有守一之说:“夫一者,道之根也,气之始也,命之所系属,众心之主也。……守一者,天神助之。……故头之一者,顶也。七正之一者,目也。腹之一者,脐也。脉之一者,气也。五脏之一者,心也。四肢之一者,手足心也。骨之一者,脊也。肉之一者,肠胃也。能坚守知此道意,得道者令人仁,失道者令人贪。”(乙部第二)

其他尚有三虫(三尸)说,尸解说,身中诸神说,功过说,避谷说,此书皆已有之,皆具见于后篇。然已可见后来道教之说,皆已见于《太平经》矣。

(三)与天师道相同之点　如前述,《太平清领书》即《太平经》,为张角所同持,而张角及张道陵之五斗米道,与此有同一之点。述于下:

其一,禁酒。《典略》云:“五斗米道严禁饮酒。”《太平经》戊部卷三,酒者水之王(旺同字),水王当剋火,火者君德也,急断酒以全火德。

其二，顺时令。五斗米道政治，顺日日之生活，不违自然之时令。即如春夏禁杀戮，为其一例，是《太平经》全部之主意。故庚部卷七，心与天地同，不犯时令也。

其三，义舍。五斗米道各地设无料之旅舍施米。《太平经》亦于各地设三丈四方之家屋，其理由为依天启之文字，依天地之气，其表现依时与地有不同，故天文地理干支之诸现象，皆天启之文字。上依圣人之教，下依愚人之思想。天启之警告，千差万别。人君当使天下之州郡、建宅、封（一作箱）置，一般之意见，征古来相传之道书，以为自鉴（乙部第二，辛部第八卷四一，《件古文名书诀》，及卷八八，《作来善恶诀》第一二九）。盖其主意，防言论壅塞。为黄巾贼作义舍之本。一面为服事社会公共事业之机关，一面为其扩张流言蜚语。《皇甫嵩传》所云："苍天已死，黄天当立"云云，自京都以至各地之门户城壁，凡义舍必揭示此条，以摇动人心者也。

其四，道德的要素。《太平经》之伦理思想，孝为第一，为中国国民性之根本思想。一者天地人，父母子三位一体之说。人为天地之子，顺时令，为子之于父母。其他言诚心实意，亦为黄巾贼之服事社会，亦如《太平经》中所记（丁部卷四及卷六七，《六罪十治诀》第一〇三）揭示人生之六大罪，其第三，积财亿万，不肯救穷周急，使人饥寒而死，其罪不除；第五，天生人，幸使人人有筋力，可以自衣食，而不肯力为，反使饥寒，负先人之体，而轻休其力，其罪不除。《太上感应篇》、《阴骘文》等所云：开凿道路，便利众人之善行亦当为之。

其五，忏悔。张道陵等之所说，疾病之时，一室闲居，告白平生过失，饮符水平愈，《太平经》云：病气阴阳不调和，此为子反父母天地之意而生者也。凡上寿百二十，中寿八十，下寿六十，达百二十以上。百二十以下皆谓夭死。流产未成人，乃先祖之余殃。头痛为天气不悦，足疾为地气不悦。五脏之疾为五行之气相战，四肢之疾为四时之气不和，聋盲为失三光之度。（乙部卷二）

其六，老子。五斗米道尊敬老子而讽诵其书。今《通览太平经》，引证儒教之经典甚稀，而采《老子》甚多。如守一，即其一也。其他尚有之，不备述。

（四）疑问　以上叙述，现存之《太平经》，传《太平清领书》之面影，为道教最初之经典。然此书除见于现存《道藏》外，正史之《艺文志》、《经籍志》及其他各家之书目，记载批评者甚少。《太平经》之始见正史著录，为《宋史·艺文志》，误以为襄楷作。盖《道藏》之书，为士君子之所不研究也。故《文献通考》（《经籍考》第五二）谓《太平经》云：此经世不见，闲人如余，幸日际奎运，得读此书而批评之，诚幸福之至。

本经之一班既缕述，其成立年代，为一疑问。本经卷一卷，其记茫洋不明。在上古有上圣金关后圣九玄帝君，姓李之神仙，悲百六阳九之灾祸，于壬辰之年出现，传此《太平经》世间。而辅以神仙曰上相方诸宫青童君、上保太丹宫南极元君、上傅白山宫太素真君、上宰西城宫总真王君，共四仙。鄙见此一篇乃后人加入本经者，陶弘景《真灵位业图》（七三）列记神仙之名，第三之中位，太极金关帝君姓李（壬辰下教太平主）。第二，中位之左位，左辅后圣上宰西城两极真人总真君（姓王，名远，字方平。紫阳君弟讳，司命茅君师），《真诰》（六三七——六四〇），《登真隐诀》（一九三）亦有方诸青童君之名称。此等多见于干吉以后，当时道教大发达，有制造种种之必要。故《太平经》第二卷以下，除司命神一个以外，单有神人、真人、天师天君之名而已。及至《上清后圣道君别记》(一九八)仍与第一卷大同小异,而号此书为方诸东宫青童君传弟子王远游作。而此别记与《智慧消魔真经》五卷(一〇三二)相关。按王远游恐即前记王远字方平,其事迹,葛洪《神仙传》卷二,称为桓帝时代人。

本经卷一百四至一百七复文有篆书似别体之文字,大抵为咒文。更最后卷一九九之后《太平经》复文序有一篇,咒文单行,意味不明。其序文叙本经自金关后圣帝君、经青童君西城王君傅帛和(见《神仙传》卷七),帛和授之干吉。南朝丧乱,一旦湮没。陶弘景弟子桓法闿,一时发现于源谷之间。陈宣帝时,道士周智响奉敕得之,清习经旨,时称太平法师。宣帝在陈氏五主中为最贤明者,亦不能行之。今际壬辰太平之气将至,凡出四部九十五章,二千一百二十八字,皆《太平》本文。其三百六十二章,是干吉从本文中演出,并行于世。以后相辅,成教而传受焉,故不谬也。其说不明,恐是隋唐际所作,聊备参考,要有后人附加者耳。

第三节　张陵天师道及孙恩

然后汉之季,以道术惑人者,尚不止此。《三国志·张鲁传》云:"祖父陵(道教称为张道陵)客蜀,举道鹄鸣山中。造作道书,以惑百姓,从受道者出五斗米,故世号称米贼。陵死,子衡行其道。衡死,鲁复行之。""鲁遂据汉中,以鬼道教民,自号师君。其来学道者初皆名鬼卒,受本道已信,号祭酒,各领部众,多者为治头大祭酒。皆教以诚信不欺诈,有病自首其过,大都与黄巾相似。诸祭酒皆作义舍，如今之亭传，又置义米肉，悬于义舍，行路者量腹取足，若过多，鬼道辄病之。犯法者，三原然后乃行刑，不置长吏，皆以祭酒为治，民夷便乐之。”注引《典略》曰：“熹平中，妖贼大起，三辅有骆曜，光和中，东方有张角，汉中有张脩。骆曜教民缅匿法，角为太平道，脩为五斗米道。太平道者，师持九节杖为符祝，教病人叩头思过，因以符水饮之，得病，或日浅而愈者，则云此人信道；其或不愈，则为不信道。脩法略与角同，加施静室，使病者处其中思过。又使人为奸令祭酒，祭酒主以《老子》五千文使都习，号为奸令。为鬼吏，主为病者请祷。请祷之法，书病人姓名，说服罪之意，作三通；其一上之天，著山上，其一埋之地，其一沉之水，谓之三官手书。使病者家出五斗米以为常，故号曰五斗米师。实无益于治病，但为淫妄，然小人昏愚，竞共事之。后角被诛，脩亦亡，及鲁在汉中，因其民信，行脩业。遂增饰之，教使作义舍，以米肉置其中，以止行人。又教使自隐，有小过者，当治道百步，则罪除。又依《月令》，春夏禁杀；又禁酒。流移寄在其地者不敢不奉。”盖当时天下大乱，人民不保其生，天师道据险自治，能抚养民夷，故信从者众耳。其后张鲁虽降于曹操，而彼之天师道，遂流行于全国，今之张天师，即从此而来也。

晋代奉天师道者甚众，虽知识之士及名族子弟，亦乐从之。如王羲之即世奉天师道者。《晋书·王羲之传》：“羲之次子凝之，为会稽内史。王氏世事张氏五斗米道，凝之弥笃。孙恩之攻会稽，寮佐请为之备。凝之不从，方入静室请祷，出语诸将佐曰：‘吾已请大道，许鬼兵相助，贼自破矣。’既不设备，遂为孙恩所害。”《孙恩传》云：“世奉五斗米道，叔父泰，见天下兵起，扇动百姓，私集徒众，三吴士庶多从之。为会稽王道子所诛，恩逃于海。众闻泰死，惑之，皆谓蝉蜕登仙。故就海中资给。恩聚合亡命，得百余人，志欲复仇。及元显纵暴吴会，百姓不安。恩因其骚动，自海攻上虞，杀县令，因袭会稽，害内史王凝之，有众数万。于是会稽吴郡等凡八郡一时俱起，杀长史以应之，旬日之中，众数十万。恩据会稽，号其党曰长生人，宣语令诛杀异己，有不同者戮及婴孩，由是死者十七八。畿内诸县处处蜂起，朝廷震惧，内外戒严。后为刘裕所破，恩赴海自沉，妖党及妓妾，谓之水仙，投水从死者百数。余众复推恩妹夫卢循为主。”循亦名族之裔，后亦败死。此则天师道亦效张角之黄巾而起事者也。孙恩、王凝之同奉天师道，而同道相残，亦暴恶矣。然天师道终不衰。钟嵘《诗品》云：“谢灵运生于会稽，其家以子孙难得，送灵运于杜治养之，十五方还都，故名客儿。”此所谓治者，即天师道所设，分布各地者也。人家以婴儿托之，信其可得神佑耳。

《云笈七签》卷二十八云：“谨按：张天师《二十四治图》云：太上以汉安二年正月七日中时，下二十四治。上八治，中八治，下八治，应天二十四气，合二十八宿，付天师张道陵奉行布化。张天师，讳道陵，字辅汉，于蜀郡临邛县渠亭山赤石城中，静思精至。五月一日夜半时，有千乘万骑来下至赤石城前，金车羽盖，步从龙虎，鬼兵不可称数。有五人，一人自言，吾是周时柱下史也；一人自言，吾是新出太上老君也；一人云，吾是太上高皇帝，中黄真君也；一人言，吾是汉师张良子房也；一人言，吾是佐汉子渊天师外祖也。子骨法合道，当承老君忠臣之后，今授子鬼号传世，子孙为国师，抚民无期。于是道陵方亲受太上质敕，当步纲蹑纪，统承三天，佐国扶命，养育群生，整理鬼气，传为国师。依其度数，开立二十四治，十九静庐，授以正一盟威之道。伐诛邪伪，与天下万神分付为盟，悉承正一之道也。

上皇元年七月七日，无上大道老君所立，上品治八品，诀要掌中。伏亏造天地，五龙布山岳。老君立位治，以用化流愚俗。学者不得贪竞，欲仙道克成，可传之与质朴也。

第一阳平治。第二鹿堂山治。第三鹤鸣神山治。第四漓沅山治。第五葛瑰山治。第六庚除治。第七秦中治。第八真多治。

无极元年十月五日，真正无极太上立治中八品气要诀，在掌中，第一昌利治。第二隶上治。第三涌泉山神治。第四稠粳治。第五北平治。第六本竹治。第七蒙秦治。第八平盖治。

无上二年正月七日，无为大道玄真立下八品治气要诀，在掌中，第一云台山治。第二浕口治。第三后城山治。第四公慕治。第五平冈治。第六主簿山治。第七玉局治。第八北邙山治。

玄都律第十六云：'治者性命魂之所属也'，《五岳名山图》云：'阳平治，鹿堂治，鹤鸣治，治沅治，葛瑰治，吏除治，秦中治，真多治。'

上八治是上品，并是后汉汉安元年，太上老君所立。

昌利治　隶上治　涌泉治　稠粳治　北平治　本竹治　蒙秦治　平盖治

上八治，是中品，置如前云。

云台治　浕口治　后城治　公慕治　平冈治　主簿治　玉局治　北邙治

上八治，是下品，置如前云。

冈氏治　白石治　钟茂治　具山治　《地图》云：此四治在京师东北。

上此四治，是张天师所加，充前二十四治，合成二十八治，上应二十八宿。

平公治　公慕治　天台治　濑乡治　樽领治　代元治　和里治　漓沅治

上是天师更加此八治以配八品,周布四海,镇国化人也。”

今俗传张天师印为“阳平治都功”字样,即从此而来,阳平治为二十八治之一,都功者,不过治中之一职事而已。

恽敬《真人府印》说:“江西贵溪县真人府印,凡大小四。其三皆曰‘阳平治都功印’。案:宋仁宗时,安福县官林积,以张鲁败于阳平,故印称‘阳平治都功’,闻于朝毁之。林君之识,非人所及,然其言有未尽者。鲁弟卫败于阳平,时鲁在南郑。非鲁败于阳平;且治都功,未竟其说。敬官江西,真人府以三符至,故为说以通之。《异苑》:‘钱唐杜明师,梦人入其馆,是夕,谢灵运生其家,送杜治养之。’注:‘治音稚,奉道家静室也。’此即文治义也。《后汉书·百官志》:‘郡守有功曹,主选署功劳。’《通典》:‘督邮监属县,有南西东北中五部,功曹之极位。’《前汉书·文帝纪》:‘遣都吏巡行’,注:‘今督邮是也。’此印文都功之义也。《三国志·张鲁传》:‘来学道者,初名鬼卒,受本道已信,号祭酒,各领部众。多者为治头。’治都功其即治头欤。鲁之祖道陵,本沛人,隐鹤鸣山,在今四川剑州。鲁之父衡继之,鲁据汉中,今汉中府也。阳平关即今府属褒城县之阳平驿,为汉中之厄。鲁既用鬼道,阳平当设治以治之,然自鲁祖父至鲁及子富,以降魏入许下,无居阳平者。惟卫尝筑城于阳平,今子孙居贵溪,为其道数千年,止用阳平印,不可解也。其一印,中为交午,以达于四际。中与四际,各围以朱白围。其方中,左右各二,左为文,衺置之,右为文,平置之,有阴阳变化之理,乃鬼道符记也。夫真人府所以惑人者,印也,而鄙诞不经如此,其他可知。自东晋以来,士大夫奉其道者,不可胜数,皆附会神仙,夸饰变异,以神其说，亦独何欤。”恽氏此说，本于目验，故最为详尽。欲知张天师印之实状者，读此可以了然矣。

第四节　张天师世系考

《笑道论》云：“张陵称天师，子衡为系师，衡子鲁为嗣师，号曰三师（按《云笈七签》以衡为嗣师，鲁为系师），三人之妻为夫人，皆云白日升天。”又明胡应麟《少宝山房笔丛》卷四二《玉壶遐览》云：“道陵世次，详见仙鉴中，不备录，录其入本朝者。汉第一代天师张道陵为玄教宗，继张鲁，三国时，据汉中。其子盛，魏封都亭侯。复还龙虎山，升坛授箓。传及五季，代称先生，若贞静、虚白、葆真、虚静之属，而玄教日崇。至宋有正应先生、守真、观妙等，历宋而元，赐以冲和真人之号，传至正常，为四十二代，即国初天师也。六觐京师，世领教事。高皇帝以至尊者天，天岂有师，遂易号称大真人，秩正二品。后又赐以六品铜印，文曰‘龙虎山正一玄坛’。英宗易以金印，孝庙易以玉印。自汉迄今，凡一千四百余年，相传五十代，盖释门所未有也。隆庆间，坐论罢封，今复旧。高皇帝之易天师号为真人，可谓一洗万古陋习矣。”此据张天师《谱牒》，谓张鲁之子盛，归信州龙虎山。其言绝不可信，彼时三国分疆，信州在孙吴域内，张盛非叛魏奔吴，何能入此乎？道书以龙虎山，为第三十二福地。其为张氏所居，当在唐季或宋初之时，若六朝时信州尚未设置，信州及贵溪县皆唐所置耳。至宋真宗大中祥符九年赐信州道士张正随为贞静先生，实为信州张天师所自始。《历代通鉴辑览》卷七十三记其事云：“初，汉张鲁子自汉中徙居信州龙虎山（在今江西广信府贵溪县西南，相传汉张道陵修炼于此），世以鬼道惑众，正随其后也。至是，召赴阙，赐号。王钦若为奏立授箓院及上清观（今曰太上清宫，在龙虎山上），蠲其田租。自是凡嗣世者皆赐号。”其时已称张鲁子始居信州，盖亦据正随之言而录之耳。立宫观于龙虎山上，亦自此始（此谓官立，私立当更早）。后至元初张道陵三十六世孙宗演，至明初，道陵四十二世孙正常，正史皆有记载。《元史·释老传》：“正一天师者，始自汉张道陵，其后四代日盛，来居信之龙虎山，相传至三十六代宗演，当至元十三年，世祖已平江南，遣使召之，至则命廷臣郊劳，待以客礼。及见，语之曰，昔岁己未，朕次鄂渚，尝令王一清往访卿父，卿父使报朕曰：后二十年，天下当混一，神仙之言，验于今矣。因命坐，赐宴，特赐玉芙蓉冠，组金无缝服，命主领江南道教，仍赐银印。十八年，二十五年，再入觐，世祖尝命取其祖天师所传玉印宝剑观之，语侍臣曰：朝代更易已不知其几。而天师剑印传子若孙，尚至今日，其果有神明之相矣乎？嗟叹久之。二十九年卒。子与棣嗣为三十七代，袭掌江南道教。三十一年入觐，卒于京师。元贞元年，弟与材嗣为三十八代，袭掌道教，时潮啮盐官、海盐两州，为患特甚。与材以术治之，一夕大雷电以震，明日见有物鱼首龟形者磔于水裔，潮患遂息。大德五年，召见于上都幄殿。八年，授正一教主，主领三山符箓。武宗即位，来觐，特授金紫光禄大夫，封留国公，锡金印。仁宗即位，特赐宝冠，组织文金之服。延祐三年卒。四年，子嗣成嗣为三十九代，袭领江南道教，主领三山符箓如故。”《明史·方伎传》云：“张正常，字仲纪，汉张道陵四十二世孙也。世居贵溪龙虎山。元时，赐号天师。太祖克南昌，正常遣使上谒，已而两入朝。洪武元年入贺即位。太祖曰：‘天有师乎？’乃改授正一嗣教真人，赐银印，秩视二品，设寮佐，曰赞教，曰掌书，定为制。长子宇初嗣。建文时，坐不法，夺印诰。成祖即位复之。宇初尝受道法于长春真人刘渊然，后与渊然不协，相诋讦。永乐八年卒。弟宇清嗣。宣德初，渊然进号大真人，宇清入朝，恳礼部尚书胡濙为之请，亦加号崇谦守静。再传至曾孙元吉，年幼，敕其祖母护持，而赠其父留纲为真人，封母高氏为元君。景泰五年入朝，乞给道童四百二十人度牒，濙复为请，许之，寻欲得大真人号，濙为请，又许之。天顺七年，再乞给道童三百五十五度牒，礼部尚书姚夔持不可，诏许度百五十人。宪宗立，元吉复乞加母封，改太元君为太夫人，以吏部言不许，乃止。初，元吉已赐号冲虚守素昭祖崇法安恬乐静元同大真人，母慈惠静淑太元君，至是加元吉号体元悟法渊默静虚阐道弘法妙应大真人，母慈和端惠贞淑太真君。然元吉素凶顽，至僭用乘舆器服，擅易制书，夺良家子女，逼取人财物，家置狱，前后杀四十余人，有一家三人者，事闻。宪宗怒，械元吉至京，会百官廷讯，论死。于是刑部尚书陆瑜等请停袭，去真人号，不许，命仍旧制，择其族人授之。有妄称天师印行符箓者，罪不贷。时成化五年四月也。元吉坐系二年，竟以夤缘免死，杖百，发肃州军，寻释为庶人。族人元庆嗣，弘治中卒，子彦𬱖嗣。嘉靖二年，进号大真人。彦𬱖知天子好神仙，遣其徒十余人，乘传诣云南四川采取遗经古器进上方，且以蟒衣玉带遗镇守中贵，为云南巡抚欧阳重所劾，不问。十六年，祷雪内庭有验，赐金冠玉带蟒衣银币，易金印，敕称卿不名。彦𬱖入朝，所经邮传供应或后期，常山知县吴襄等至下按臣治。传子永绪，嘉靖末卒，无子。吏部主事郭谏臣乘穆宗初政，上章请夺其世封，下江西守臣议，巡抚任士凭等力言宜革，乃去真人号，改授上清观提点，秩五品，给铜印，以其宗人国祥为之。万历五年，冯保用事，复国祥故封，仍予金。国祥传至应京，崇祯十四年，帝以天下多故，召应京有所祈祷。既至，命赐宴，礼臣言，天顺中制，真人不与宴，但赐筵席，今应京奉有优旨，请仿宴法王佛子例，宴于灵济宫，以内官主席，从之。明年三月，应京请加三官神封号，中外一体尊奉，礼官力驳其谬，事得寝。张氏自正常以来，无他神异，专恃符箓，祈雨驱鬼，间有小验。顾代相传袭，阅世既久，卒莫废去云。”此为天师后代之较著者。其间世系，亦大略具于史传之中。此外各代子孙，虽有谱系，亦不足备录。仅就其裔张元旭所撰之《补天师世家》之各传，所补为明季至民国初之世系，转录以示始末大概。

五十代天师，讳国祥，字文征，号心湛，永绪之从子也。生有异姿，绀眉碧瞳，气宇轶尘表。万历五年袭爵，赴京陛见，上优加礼遇，御书宗传字额赐之，并赐以玉刻宗传之印，暨元坛印。命祈雪以占丰年，果应时雪降，上大悦，赐金冠玉带，并赐隆宗门外直房。又敕修理朝天宫内赐第，御书真人府额，奉旨聘驸马都尉谢公诏之女为配，以定国公徐掌姻事，凡六礼之费，悉出内帑。二十九年七月二十九日命给公爵朝祭服，仍准常用，留京十三年，宠赉甚渥。及还山，舟抵峄县，值湖水冻寒不能进，檄召湖神，冻解应若桴响，峄令镌碑以记之，文存湖庙。先四十二代真人仲纪公集祖宗言行为世家一卷，宋文宪濂序之，真人复续集至四十九代，俾家系不紊，垂示綦详。又辑《龙虎山志》三卷，备记载，甚资考证。己酉贵溪大水，上清宫殿悉顷圮，入告，上赐银修建，工尚未竟。辛亥岁，平居无恙，一日见华阳祖师前来导引，遂端坐而化，诰封正一嗣教凝诚志道阐元宏教大真人，掌天下道教事，赠太子少保。敕葬金溪明阳桥，立观以供祭奠，曰明阳观。

五十一代天师讳显祖，神宗改名显庸，字九功。幼时误坠井中，明日汲者至始出，衣冠无沾濡，人惊异之。赋性仁孝，好礼义，习谦和，喜读书，长益精进不懈。尝曰：为学犹掘井，井愈深，土愈难出，若不决心到底，岂得见泉源乎？天启甲寅袭爵，旧例不待终丧，显庸恳请守制，服阕始拜命。当修太上清宫，工未竟，恐坠父志，朝夕庀材鸠工，越二年告竣。然志尚冲淡，乐事修炼，年未及艾，即卸掌教事，以印剑授子应京。别构静室，署曰梧绿轩，自号浴梧散人，日与弟子，究先天太极及心性之学，著《三教同涂论》，使学者得窥教旨，杜门户之见。又著《金丹辨惑》、《浴梧诗集》，凡若干卷，读之使人明于修养，足出迷津。好施予，遇岁歉，尽以所积赈邻里。时土贼环窥上清，设法御之，地方赖以安谧，丙子大饥，散粟济灾，计口周给，受施不少。享年八十有一，明诰封正一嗣教光扬祖范冲和清素大真人，掌天下道教事。怀宗加太子少保，康熙四十二年诰赠光禄大夫。

五十二代天师讳应京，字翊宸。崇祯丙子袭爵，庚辰入觐。适皇子病，命祈禳。怀宗亲谒祖天师坛行礼，将下拜。应京曰：臣祖天师道陵位在人臣，礼不当拜。上曰：卿祖道德高深，正赖默赞元化，可晋封六合无穷高明大帝，卒成礼。皇子病旋瘳，赏赉优渥。甲申三月，怀宗殉国。既而隆武僭号于隆平，贵溪与闽接壤，盗贼蜂起，安仁妖僧煽众焚掠，祸延上清。真人募乡勇御之不克，登老雷坛岭，檄召神将杀贼，俄而阴云四塞，遥见一神驱黑虎逐贼，贼溃散，邑里获安。皇清定鼎，入贺，世祖章皇帝颁赐敕谕，谕曰：“国家续天立极。光昭典礼，清静之教，亦所不废。尔祖张道陵，博通五经，覃精玄教，治民疾病，俾不惑神怪。子孙嗣教，代有崇封。兹特命尔袭职，掌理道箓，统率族属，务使异端方术，不得惑乱愚民。今朝纲整肃，百度惟贞，尔其申饬教规，遵行正道。其附山本教族属贤愚不同，悉听纠察，此外不得干预。尔尤宜法祖奉道，谨德修行，身立模范，禁约该管员役，俾之一守法纪，毋致生事，庶不负朝廷优加盛典，尔其钦承之。”故谕给一品印，恩礼咸如故。还抵扬州琼花观而化。康熙四十二年，诰封光禄大夫，夫人朱氏，明益藩郡主。

五十三代天师讳洪任，字汉基，翊宸次子。幼即好学通秘笈。顺治八年袭爵，十二年入觐。世祖章皇帝驾幸南海子召见，询及历代宗系，以世家称之。命光禄寺设宴，陪以礼部堂官，又命工部觅宅，以灵祐宫察院地居之，敕免本户及上清宫各色徭役。时外藩有妖为害，闻于朝，命驱除之，遣法员高惟泰、杨幼芬出塞劾治立应，诸部落咸感其神，因之崇信道法不衰。闲居乐情诗酒，陶然自得，凿西化园池沼，养性于其中，辄自成趣。康熙六年丁未，微恙而化，年四十三。时子尚未周，命弟洪偕摄掌教事，诰赠光禄大夫。

五十四代天师讳继宗，字善述。圣祖仁皇帝赐御书碧城额以为号，生八月而父卒，叔洪偕摄教事。至年十四，袭爵入觐，有觊夺大真人印者，卒不敢试。上命分坛祷雨，真人奏，应于某日得雨，至日果应，上甚嘉欢，命随觐法员吴士行等三人留京，三年一易，日给饩廪，来往给驿马，复增二员为例。还山，御书太上清宫额赐之。三十三年甲戌，命进香五岳，道出开封，长吏以苦旱疫疠请祷，不旬日雨澍而疫已，河水冲决归界，日啮岸数十丈，吏民惶惧走请，投以铁符镇之，岸获固。过龙阳，有妖神号五羊者为祟，焚其祠，现白足鳖无算，死溪中而妖绝。过姑苏取赤猴，铁锁二怪。三十五年丙子，复命，赐乾坤玉剑。四十二年，覃恩授光禄大夫。四十六年丁亥，赐第京师。五十二年癸巳，赐帑银修龙虎山殿宇。五十四年乙未冬入觐，至扬州琼花观，矍然曰：此先祖蝉蜕处也，余亦从此逝矣，遂化于观内。

五十五代天师讳锡麟，字仁祉，号龙虎主人。常偕诸弟朝夕笃学，一遵庭训。康熙五十四年袭爵，召见畅春园，赐庭宴，并赐香扇缎匹，恩命如旧。屡觐天颜，宠赉有加。世宗宪皇帝御极，授光禄大夫。雍正五年，例应入觐，法员娄近垣随行，至杭州病笃。嘱近垣曰，"吾无以报皇恩，子忠勤诚笃，其体予志，善事天子。"越日卒，遗疏臣子遇隆幼，请以次弟庆麟署理，得谕书赐允。八年，上命近垣礼斗有应。发帑修太上清宫，九年三月，三弟昭麟以州同引见，命署大真人印务，协同监修上清宫，并赐银币还山。

五十六代天师讳遇隆，字辅天，号灵谷，仁祉之子。生而岐嶷，英俊轶伦。钦差刘公以神童目之，居恒与弟子员阐明道典，究理法秘，及先儒书册，精勤不懈。乾隆七年，奉旨承袭入觐，召见圆明园，赐克食缎匹，宴赉视旧制有加，复赐御书教演宗传额，并朝服袍套笔墨等物。壬戌入觐圆明园，赐《山庄避暑诗集》一部，花缎二端，各亲王皆有予赐。乾隆辛未，圣驾南巡，召见行在，赐缎二端荷包等物。十七年以梅御史劾，部议改为正五品。厥后优游山中，悉心任化，陶然以终。三十六年辛卯，覃恩诰赠通议大夫。

五十七代天师讳存义，字方直，号宜亭。资质聪敏，总角不凡。乾隆三十一年，年十五，袭爵入觐，以祈雨晋秩正三品，换给爵印赐真灵福地匾额，内绣老子像，并御书法经，复奉旨照例朝觐。嗣后正一真人，并随带法官，准其驰驿，钦此。三十四年入觐，祈雪立应，赐珊瑚碧玉道冠顾绣法衣，上元日赐宴看灯。三十五年，恭祝万寿，适丁母艰，蒙恩体恤，免其庆贺。四十一年，恭奉孝圣宪皇太后大礼，恭送梓宫，恩赏银一千两，旋赴齐云山进香。年二十八卒，无子，遗疏请以嫡堂叔起隆承袭。

五十八代天师讳起隆，字绍武，号锦崖，一号体山。貌魁岸，深沉足智，能文善诗，四方知名之士乐与之游。九龄入大学，岁辛卯游京，甲午考入四库全书馆誊录，议叙一等，以县丞分发河南，历署开封府经厅，粮储道库大使，布政使司都事。四十四年，堂侄五十七代宜亭真人遗疏恳请承袭祖爵。四十五年，江西巡抚郝题，咨调回江，奉旨承袭。恭遇皇上七旬万寿，八月抵京，赴热河庆祝，进如意等物，蒙恩赏收《北斗延生真经》一部。十一日面请圣安，奉恩旨，著在内廷听戏三日，赐大缎帽纬，及内造器普洱茶食物等。十四日晚，又着在万树园看放烟花。四十七年入睹，召见乾清宫，蒙温旨，命于次年元旦大高殿拜进庆贺表文，礼成，赐老子绣像及藏香。四十九年，恭遇圣驾六次南巡，循例于江苏无锡接驾进贡，蒙赏收垆瓶等物，召见行在，又蒙赏给克食大缎四端，御题墨刻罗汉图。后数入觐，俱恩礼有加。嘉庆戊午届庆期，行至苏州，告病回里。卒于山。

五十九代天师讳钰，字佩相，号琢亭，锦崖次子。丰颐硕肤，风度端凝，善言辞，声若洪钟，识者重之。平生立心接物，真率无伪，重师儒，厚故旧。每遇旱涝，辄为民祈祷，无不响应。嘉庆五年袭封，诣阙谢恩，请谒裕陵，奉温旨褒允。前后数召见养心殿，屡赏克食并大缎藏香。十年入觐，蒙赐玉如意一柄，荷包一封，金钱四圆。十四年晋京祝嘏，蒙赐庭宴，并赏大缎宫锦嗜噜等物。二十三年复朝，御书福字赐之，宠赉有加。光绪三十年覃恩诰赠光禄大夫。

六十代天师讳培源，字育成，号养泉。颖异澹朴，笃于孝友。道光九年袭爵。因生母累年抱恙，嘱勿远离，拟请诣阙谢恩未果。生平乐善好施，舍己济人，行藏似鹤，当时以白鹤仙师称之。凡诸符法，悉能一气浑成，极研究大梵斗母玄科，尤能阐演入妙。浙江海宁州有妖为患，海堤崩裂，延至立验。道光十一年，复患水，沿溺数百里，将军奕湘驰羽请救命，胞弟持印剑往治，为设醮数日，令法员乘小艇，冲涛而济，投以铁符，天返风，艇复故所，潮平堤立。二十五年秋七月，贵溪久旱，蝗飞蔽日，禾菽蚀啮殆尽，邑侯请治，为设醮七日，雷风肃烈，大雨如注，连夕凝寒似深秋，命持符水洒坛前后，蝗尽殪于河。咸丰八年戊午，乱兵侵境，避往应天山，偕一丁负印，行至垅岸地方遇寇，丁不及匿，弃印道旁，兵骑蜂拥蚁接，印仍故所，视如不见，践之不觉，贼去，叱丁携归。九年己未，督办团练，防剿多捷。十月中旬八日，忽有赤蛇游于庭，俄而不见，咸谓山居之常，不以为异，翌日将曙，竟无疾长逝。法经云，蛇乃鹤之粮，殆返真之兆欤。《县志赞》："德著金绳，功追玉局，驱蝗虫而乡城争颂，息潮涌而寰海竞称。"盖纪实也。光绪三十年，覃恩诰赠光禄大夫。

六十一代天师，讳仁晸，字炳祥，号清严。秉性冲和，研精秘典，事亲以孝闻。咸丰九年，佐父办团，防剿多捷，经巡抚耆奏奖，奉上谕，着以县主簿，不论双单月擢用。同治元年袭爵，当乱后，法书秘卷，简断篇残，不易征集，乃日与弟子员，参考编订，续录成帙，越寒暑靡懈。四年游粤东，遇异人赠黑玉印一方。旋抵沪城，其地屡有回禄患，求书符避火者甚众，以印盖均得免，谓见有黑面金甲者附符焉。光绪六年，奉母命祷南海，航遇风几覆，忽见大士现身云端，得无恙。九年，省祖墓于西蜀青城山，见祖天师于天师洞。出川经重庆，先有布商某，遇人授以剑，告之曰：俟天师至此，尔将此剑赠之。俄而天师至，布商赠剑。重庆会馆有青龙阁，久潜巨蟒，天阴朝夕吐气如云，仗剑以登，书火符焚之，怪灭。居恒端坐寡言，洞明三十代祖静修之功。年六十有三，微恙而终。光绪三十年覃恩诰赠光禄大夫。

续世家跋后

唐柳玭有言:

门第高者,一事堕先训,则无异他人。元旭忝承先职,暇而盥诵刻本先代世家,具知积阴励行,明□佑启。惟再经编辑,历四十九代而止。溯诸以上十二代,均付阙如。爰搜求谱牒,旁参碑铭,并先世之遗有笔记,与年来之闻见于先父前者,续纂成编,重付剞劂。非敢言文,以纪实也。亦愈以见翼世济人,前人之泽远矣。旭德薄能鲜,敢谓不辱其先乎?亦惟朝乾夕惕,兢兢于世教之修,而无俾家训之堕云尔。

中华民国七年岁次戊午孟月吉日

六十二代孙元旭谨跋

第五节 寇谦之改革天师道

张陵天师道盛行既久,道士中欲夺其传统者,南方尚无所闻,北方则北朝时已有寇谦之出而改革,以取其天师之位焉。《魏书·释老志》云:"世祖时,道士寇谦之,少修张鲁之术,服食饵药,历年无效。守志嵩岳,精专不懈。忽遇大神,乘云驾龙,导从百灵,仙人玉女,左右侍卫,集止山顶,称太上老君。谓谦之曰:'往辛亥年,嵩岳镇灵集仙宫主表天曹,称自天师张陵去世已来,地上旷诚,修善之人，无所师授，嵩岳道士上谷寇谦之，立身直理，行合自然，才任轨范，首处师位。吾故来观汝，授汝天师之位，赐汝《云中音诵新科之诫》二十卷，号曰《并进言》。吾此经诫，自天地开辟以来，不传于世，今运数应出，汝宣吾新科，清整道教，除去三张伪法，租米钱税，及男女合气之术。大道清虚，岂有斯事，专以礼度为首，而加之以服食闭练。'复遇牧土上师李谱文来临，授谦之《天中三真太文录》，劾召百神，坛位礼拜，衣冠仪式，各有差品，凡六十余卷，号曰《录图真经》，付汝奉持，转佐北方泰平真君，出天宫静论（当作轮）之法，能兴造克就，则起真仙矣。又地上生民末劫垂及，其中行教甚难。但令男女立坛宇，朝夕礼拜，若家有严君功及上世。其中能修身炼药，学长生之术，即为真君种民药。别授方《销炼金丹云英八石玉浆》之法，皆有诀要。"于是魏世祖（太武帝）欣然，崇奉天师，显扬新法，宣布天下，道业大行。遂立天师道场，改元太平真君，建静轮天宫。并因崇道之故，灭佛教，杀僧徒，毁佛寺，其后佛教虽复，而后魏诸帝，每即位，必亲至道坛，受道士符箓，从此道教不复为张氏天师道所专有矣。

寇谦之之改革天师道，不仅改革其腐败之科仪，乃至神道之名称，亦有特异之号。《魏书·释老志》云："又言：'二仪之间，有三十六天，中有三十宫，宫有一主。最高者无极至尊，次曰大至真尊，次天覆地载阴真尊，次洪正真尊，姓赵名道隐，以殷时得道，牧土之师也。牧土之来，赤松、王乔之伦，及韩终、张安世、刘根、张陵近世仙者，并为翼从。牧土命谦之为子，与群仙结为徒友。幽冥之事，世所不了，谦之具问，一一告焉。'"

第六节　茅山道与武当道

然天师道之外，非无别派，如晋之葛洪即其一也。《晋书·洪传》云："洪尤好神仙导养之法，从祖玄，吴时学道得仙，号曰葛仙公，以其炼丹秘术授弟子郑隐。洪就隐学，悉得其法焉。后师事南海太守上党、鲍玄，玄亦内学，逆占将来。见洪深重之，以女妻洪，洪传玄业，兼综练医术。凡所著撰，皆精核是非，而才章富赡。"在山积年，著述不倦，其自序曰："世儒莫信神仙之书，不但大而笑之，又将谤毁真正。故予所著子，言黄白之事，名曰内篇。其余驳难通释，名曰外篇。大凡内外一百一十六篇，虽不足藏诸名山，且欲缄之金匮，以示识者。自号抱朴子，因以名书。"洪之所著，推阐仙道，播传甚力，可谓道教之功臣。梁时有陶弘景。《梁书·陶弘景传》云："得《葛洪神仙传》，书夜研寻，便有养生之志。谓人曰：'仰青云，睹白日，不觉为远矣。'止于句容之句曲山，恒曰：'此山下是第八洞宫，名金坛华阳之天，周回一百五十里。昔汉有咸阳三茅君得道，来掌此山，故谓之茅山。'乃中山立馆，自号华阳隐居，始从东阳孙游岳受符图经法，遍历名山，寻访仙药。"传又言弘景好著述，尚奇异，善辟谷导引之法，此皆道教所赅容者也。三茅君者，《史记·秦始皇本纪集解》引《太原真人茅盈内纪》曰："始皇三十一年九月庚子，盈曾祖父濛乃于华山之中，乘云驾龙，白日升天。先是其邑谣歌曰：'神仙得者茅初成，驾龙上升入泰清，时下玄洲戏赤城，继世而往在我盈，帝若学之腊嘉平。'始皇闻谣歌而问其故，父老俱对，此仙人之歌谣，劝帝求长生之术。于是始皇欣然，乃有寻仙之志，因改腊曰嘉平。”此证茅山道更远在天师道以前，今之茅山道士，尚崇奉三茅君，不与天师道同科也。

至于武当道，乃湖北武当山之道士奉真武玄天上帝为主，以炼丹驱邪为其本领。如明之张三丰，即武当山丹士也。全真教道士亦尊奉真武。海南道士设坛驱邪，则奉真武以“太上高真”诸尊号，置之坛中，与佛同位。而玉皇大帝、太上老君等神，反在其外焉（见《民俗周刊·琼崖风俗志》）。

第七章 道教之神

道教之所谓神，实兼天神、人鬼、地祇及仙真而统称之。其初最尊者为老子，《史记·列传》尚作惝怳之辞，其后《列仙传》之流，已渐加藻饰。太平道、天师道等更皆奉老子为师，尊其书为经。至后代而老子遂成为至尊无上，神变无方之神人。《老子内传》："太上老君，姓李，名耳，字伯阳，一名重耳，楚国苦县曲仁里人也，其母见日精下落如流星，飞入口中，因有娠。怀之七十二岁，于陈国涡水李树下，剖左腋而生。指李树曰，此为我姓。生而白首，故号老子。耳有三漏，又号老聃。顶有日光，身滋白血，面凝金色，舌络锦文，形长一丈二尺，齿有四十八。受元君神图宝章变化之方，及还丹伏火水汞液金之术，为七十二篇。在周为守藏史，武王时，为柱下史，能为天神所济，众仙所从。所出度世之法，有九丹、八石、金醴、金液、治心养性、绝谷、变化、役使鬼神之法。"王圻《续文献通考》："葛稚川曰：老子无世不出，数易姓名。出于黄帝时，号广成子，周文王时，号爕邑子，为守藏史。武王时，号育成子，为柱下史。康王时，号郭叔子，汉初为黄石公，汉文时，号何上公。"此皆六朝人以来所增饰者，后代有《老子八十一化经》，即源于此。老子之地位既崇，乃更有老子一炁化三清（玉清太清上清）之说，是神仙世界，皆老子所造成。于是太上老君、玄元皇帝诸名称，乃当之无愧矣。然自六朝以来，元始天尊之名既出，老子之地位骤绌，而道教之神遂愈繁。今分述之于下。

第一节　天地间之神

当张角、张陵之道教初起时，所谓司人间祸福者，祇有三官，即天官、地官、水官，今称为三官大帝者也。迨其后，既有元始、太上诸尊位乎上，则神仙官府当然加增。世传葛洪《枕中书》、陶弘景《真灵位业图》之类，皆杂沓纷纶，漫无统纪。兹姑举葛洪《枕中书》以见一斑："真记曰：玄都玉京七宝山，周回九万里，在大罗之上，城上七宝宫，宫内七宝台，有上中下，三宫如一。宫城一面二百四十门，方生八行宝林，绿叶朱实，五色芝英。上有万千种芝，沼中莲花，径度十丈。上宫是盘古真人、元始天王、太元圣母所治。中宫太上真人、金阙老君所治。下宫九天真皇、三天真王所治。""许由巢父今为九天侍中，箕山公，夏启周发受书为四极明公，或住罗酆，或在洞天。汉高祖光武并为四明宾友。周灵王今为太虚侍郎，治波龙山，乐子长阖家得仙，未升天任，并住方丈之室。郭景纯为都箓司命，治虚台也。左元放今为天柱真人，监仙侯。葛玄受金阙君命，为太极左仙公，治盖竹山。又在女几山，常驾乘虎骑也。许映始为霍林仙人，许穆在华阳洞天，立宅为真人。许玉斧在童初之北，位为真人，未有掌领。鲍靓为地下主者，带潜山真人，复五百年，当为昆丘侍郎。郑思远住南霍，常乘虎豹白鹿，未有职事。蔡郁垒为东方鬼帝，治桃丘山。张衡杨云为北方鬼帝，治罗酆山。柱子仁为南方鬼帝，治罗浮山，领羌蛮鬼。周乞稽康为中央鬼帝，治抱犊山。赵文和真人为西方鬼帝，治蟠冢山。""鬼谷先生为太元师，治青城山。王子乔为金阙侍中，治桐柏山。赤松为昆林仙伯，治南岳山。王子登为小有天王，治王屋山。孤竹、伯夷、叔齐等并为九天仆射，治天台山。孔丘为太极上真公，治九嶷山，颜回受书，初为明泉侍郎，后为三天司真。七十二人受名元洲，门徒三千，不经北酆之门。周公旦为北帝师，治劲革山，庄周为太元博士，治在荆山，孙权受任，治亦在荆山。张道陵为三天法师，统御六虚，数侍金阙，太上之股肱，治在庐山，三师同宅，王方平今为上相，治月支国人鸟山。墨翟为太极仙卿，治马迹山。徐来勒为太极真，治括苍山，小宫在天台山。陈世治小台山。严君平今治在峨眉山。屈原为海伯，统临八海。王弼为北海监，郭声子为阆风真人，魏夫人治南岳山，裴清灵治四明山，马明生今在钟山，阴长生为地肺真人，孙登闾北真人。九华真妃治夏盖山，或在龙山。王长、赵升受书为庐山中正，三天都护。韩众今为霍林真人，琅琊为太虚左掾侍史。”凡诸神仙，或有治，或无治，乱杂可想。《太平御览》道部引《登真隐诀》曰："三清九宫，并有僚属，例左胜于右。其高总称曰道君，次真人、真公、真卿。其中有御史、玉郎、诸小号，官位甚多也。女真则称元君、夫人，其名仙夫人之秩，比仙公也。夫人亦随仙之大小男女，皆取所治处，以为著号，并有左右。凡称太上者，皆一宫之所尊。又有太清右仙公、蓬莱左仙公、太极仙侯、真伯、仙监、仙郎、仙宾。”其官级之森严又可想也。

陶弘景之《真灵位业图》，系将所有道教之真灵，分别班次，共分七阶，宛如佛教之曼陀罗（道场）。其说如下：

第一，上清虚皇道君，应号元始天尊。

第二，上清高圣太上玉晨玄皇大道君（为万道之主）。

第三，太极金阙帝君，姓李（壬辰下教太平主）。

第四，太清太上老君（为太清道主，下临万民），及上皇太上无上太道君。

第五，九宫尚书（姓张，名奉，字公先，河内人。先为河北司命禁保侯，今为太极仙侯，兼领北职，位在太极矣）。

第六，右禁郎定录真君中茅君（治华阳洞天）。

第七，酆都北阴大帝（炎帝大庭氏，讳庆甲，天下鬼神之宗，治罗酆山，三千年而一替）。

最上第一级，以天尊为中位，左方，二十九君，右方，十九君。第二级，以大道君为中位，左方，太微天帝、赤松子，以下三十君，其后有逸域宫、八景城、七灵台、凤台琼阙、金晨华阙，右方，为八君，并三十余名女子。后有太和殿、寥阳殿、蕊珠阙、七映房、长绵楼。第三级以李帝为中位，左方，五十余君，其中有尹喜、葛玄、孔丘、颜回、轩辕黄帝、颛顼、帝喾、帝舜、夏禹、周穆王、帝尧、巢父、许由等。右方，三十余君，其中有庄周、秦佚、接舆、老聃等。第四级以老君及大道君为中位，左方，六十余名，其中以张陵、鬼谷先生、张子房、赤松子、东方朔、墨翟等，右方，百余名，其中有徐福、葛洪等。第五级以九宫尚书为中位，左右各十九名。第六级以茅君为中位，左方十一人，中有鲍靓，右方三十余名，中有许迈、葛玄、郑思远，又有比干等。第七级以北阴大帝为中位，左方有秦始皇、魏武帝、周公、汉高祖、吴季札、周武王、齐桓公、晋文公、光武帝、谢幼舆、庾元规、杜预、李广、何晏、殷浩、刘备等，右方有王敖、陶侃、蔡谟、马融等。其次序之凌杂颠倒，盖不可究诘也。且就此图而观，老子在第四重，葛玄、赤松子在第二重（后又重出），即谓赤松子于第二级，加以左圣南极南岳真人左仙公太虚真人之徽号，并注为黄老君弟子，曰裴君师。乃第四级更有赤松子，是赤松子有两重也。第三级有太极左仙公葛玄，乃第六级又有葛玄，注云，太极左仙公为演灵宝，吴时，下降为地位之葛玄云。然则此图之中，包蕴天神、地祇、人鬼及诸仙真之名，亦可云尽致矣。

第二节　人身中之神

身中诸神，《太平经》已详言之。《淮南子·精神训》已分气为阴阳二神，气者宇宙之生命，又为活动力，据道教所说，人类体内之气，能与宇宙之气相往来而不绝，即得长命。故有吐故纳新即炼气炼丹之工夫。又以气为神，体内五脏，亦各有神来往，故欲长寿，当直观此神，与之同体。故《太平经》曰："善自持养之，可得寿老。不善养身，为诸神所咎。神叛人去，自安得善乎。……为善，神自知之，恶，神亦自知之。非为他神，乃身中神也。"（卷乙部）又云："直观五脏之神，空气中，画配当五行之色之童子，春为青色童子，悬东子，一心念之，其神自来助之，万病皆平愈。气为生命之根本，即鼻之中，瞑目内观，守守一之法，其气始出如火赤，暂白，又久青色，可与自然之元气为一体。"（同上）鼻为风，即元气之门户，《抱朴子》记云："或置羽毛于鼻端，伺其动摇，习炼气息。"是即前文所云鼻中通风也。

《太平经》所述，直观五脏之神，实为观照自己。故云："道之生人，本皆精气也，皆有神也，假相名为人。愚人不知还全其神气，故失道也。能还反其神气，即终其天年。……其为之法，当作齐室，坚其门户，无人妄得入，日往自试，不精不安，复出勿强为之，如此复往，渐精熟，即安之不复欲出。口不欲语视食饮，不欲闻人声，关炼积善，瞑目还观形容客象，若居镜中，若窥清水之影也，已为小成。无鞭策而严，无兵仗而威，万事自治，岂不神哉，谓入神之路也。守三不如守二，守二不如守一。深思此言，得道深奥矣。”（癸部第十）自己观照之法，亦道教所说，陶弘景《真诰》卷十，记范幼冲炼青、白、赤三气，遂为神仙，谓为守玄白之道。凡人常存思，识己之形，极使仿佛对在我前云云。皆出于《太平经》。此等工夫，盖当时已输入佛教经典数息观，例如安世高（后汉时代）《安般守意经》，昙摩密多（刘宋时代）《五门禅经要用法》，沮渠京声（同上）《治禅病秘要法》，或有影响也。

至于《黄庭经》，在《太平经》之后，其《外景经》云：“老子闲居作七言，解说身形及诸神。”而《内景经》当又在《外景经》之后，则云：“散化五形变万神。”此直谓一人之身具有万神也。故其言曰：“发神苍华字太元，脑神精根字泥丸，眼神明上字英玄，鼻神玉垄字灵坚，耳神空闲字幽田，舌神通命字正纶，齿神崿锋字罗千。”右面部七部。又曰：“心神丹元字守灵，肺神皓华字虚成，肝神龙烟字含明，肾神玄冥字育婴，脾神常在字魂停，胆神龙曜字威明。”右六府真人。此言脏腑皆有神也。然道教之说，视人身为一小天地，故天地之神，亦皆存吾人之身中。如《老子中经》所云，兹姑摘其自一至十三之神，以示梗概。

其一，上上太一者，道之父也，天地之先也。乃在九天之上，太清之中，八冥之外，细微之内。不知其名，元气是耳。其神，人头鸟身，状如雄鸡。正在兆（指人）头上，去兆身九尺。常在紫云之中华盖之下住。

其二，无极太上元君者，道君也，一身九头，或化为九人。上上太一之子也，非其子也，元气自然耳。正在兆头上，紫云中，华盖下。兆见之言曰，皇天上帝，太上道君，在太微勾陈之内，一星是也，号曰天皇大帝耀魄宝。人亦有之，常存之眉间，通于泥丸，气上与天连。

其三，东王父，青阳之元气也，万神之先也。治东方，下在蓬莱山。人亦有之，在头上顶巅。左有王子乔，右有赤松子，治在左目中，戏在头上。其精气上为日，名曰伏羲。西王母在目为日月，左目为日，右目为月。目中童子字英明，王父在左目，王母在右目，童子在中央，两目等也。东王父姓无为，字君鲜。

其四，西王母者，太阴之元气也。姓自然，字君思，下治昆仑，上治北斗。华盖紫房北辰之下。人亦有之，在人右目之中，姓太阴，名玄光，字偃玉，夫人两乳者，万神之精气，阴阳之津汋也。左乳下有日，右乳下有月。王父王母之宅也。上治目中，戏于头上，止于乳下，宿于绛宫紫房，此阴阳之气也。

其五，道君者一也，皇天上帝中极北辰中央星是也。乃在九天之上，五色华盖九重之下。老子太和侍之。人亦有之，在紫房宫中，华盖之下，姓陵阳，字子明，身黄色，长九分。其妻太阴玄光玉女，居太素宫中，养真人子丹。

其六，老君者，天之魂也，自然之君也。常侍道君，在左方，吾等九人，九头君也，吾为上首。人亦有之，衣青衣，长九分。把芝草，持青幡。其妻素女，衣黄衣。

其七，太和者，天之魄也，自然之君也。常侍道君，在右方。人亦有之，姓角里先生，字瀔瀔。衣白衣，长九分。持金剑，捧白幡。其妻青腰玉女，衣青衣。

其八，泥丸君者，脑神也，南极老人也。正在兆头上脑中。

其九，南极者一也，仙人之首出也，上上太一（当有脱字）也，天之侯王太尉公也。主诸灾变,国祚吉凶。上为荧惑星,下治霍山。人亦有之,姓李,名尚(一作常),衣绛衣,长九分,在心中。其妻玉女。

其十,日月者,天之司徒司空公也,主司天子人君之罪过,使太白辰星下治华阳恒山。人亦有之,两肾是也。左肾男,衣皂衣,右肾女,衣白衣,长九分。为日月之精,虚无之气,人之根也。在目中,故人之目左为司徒公,右为司空公。两肾各有三人,凡有六人。左为司命,右为司录,左为司隶校尉,右为廷尉卿,主记人罪过,上奏皇天上帝、太上道君,常存之。令削去死籍。司录六丁玉女,皆在神龟上,乘紫云车,驾双鲤鱼。玄母,道母也,在中央,身之师也。主生养身中诸神。

十一,中极黄老者,真人之府,中斗君也,天之侯王,主皇后素女宫也。人亦有之。黄庭真人,道之父母也,赤子之所生也。己,吾身也,皇后者,太阴玄光玉女,道之母也,正在脾上,中斗中也。衣五色珠衣,主哺养赤子。赤子当胃管中,坐常思两乳,下有日月,日月中有黄精赤气,来入绛宫,填满太仓,饮食之即饱。中黄真人主辟谷,字黄裳子。

十二,吾者,道子之也。人亦有之,非独吾也,正在太仓胃管中。正南面坐珠玉床上,衣五彩珠衣。母在其右上,抱而养之,父在其左上,教而护之。父曰陵阳子明,母曰太阴玄光玉女。己身为元阳子丹真人,字仲黄真,吾之师也。常教吾神仙长生之道,常侍吾左右。休舍太仓,在脾中,与黄裳子共宿卫吾,给事神所,当得常致行厨。吾之从官凡三万六千神,举族得仙,白日升天。常以四时祠吾祖先,及郊庙社稷。郊在头上脑户中,庙在顶后骨上,社在脾左端,稷在大肠穷。

十三，璇玑者，北斗君也，天之侯王也。主制万二千神，持人命藉。人亦有之，在脐中。太一君，人之侯王也，柱天大将军特进侯也。主身中万二千神。

以下为五脏之神，不具录。其尤可怪者，为第十七神仙。“丹田者，人之根也，精神之所藏也，五气之元也。男子以藏精，女子以藏月水，主生子，合和阴阳之门户也。在脐下三寸，附着脊膂两肾根也。神姓孔名丘，字仲尼。”此外尚有三尸之神，在人身中，言人罪过，另具于下章。

第三节　洞天福地

神仙处所，最初所说者，为东海中三神山，即蓬莱、瀛洲、方壶。西方则有昆仑、阆圃，为东王公西王母所居。次之为《十洲记》之祖洲、瀛洲、玄洲、炎洲、长洲、元洲、流洲、生洲、凤麟洲、聚窟洲（亦传东方朔著，实汉以后人著），其后剽窃佛经，亦有三十三天之说。《酉阳杂俎玉格篇》云：“道列三界诸天，数与释氏同，但名别耳。三界外曰四人境，谓常融、玉隆、梵度、覆奕四天也。四人天外曰三清，大赤、禹余、清微也。三清上曰大罗，又有九天波利等九名。”或增至八十一天，不过求胜佛说耳。更有洞天福地之说。《云笈七签》卷二十七有《天地宫府图》，叙洞天福地。洞天首为十大洞天：“太上曰，十大洞天者，处大地名山之间，是上天遣群仙统治之所。”

第一，王屋山洞　号曰小有清虚之天，去王屋县六十里，属西城王君治之。

第二，委羽山洞　号曰大有空明之天，去黄岩县三十里，青童君治之。

第三，西城山洞　号曰太玄惣真之天，在所未详，属上宰王君治之。

第四，西玄山洞　号三元极真洞天，莫知其所在。

第五，青城山洞　名曰宝仙九室之洞天，属青城丈人治之。

第六，赤城山洞　名曰上清玉平之洞天，在台州唐兴县，属玄洲仙伯治之。

第七，罗浮山洞　名曰朱明辉真之洞天，在循州博罗县，属青精先生治之。

第八，句曲山洞　名曰金坛华阳之洞天，在润州句容县，属紫阳真人治之。

第九，林屋山洞　号曰尤神幽虚之洞天，在洞庭湖口，属北岳真人治之。

第十，括苍山洞　号曰成德隐玄之洞天，在处州乐安县，属北海公涓子治之。

次为三十六小洞天："太上曰，其次三十六小洞天，在诸名山之中，亦上仙所统治之处也。"

第一，霍桐山洞　名霍林洞天，属仙人王纬玄治之。

第二，东岳太山洞　名曰蓬玄洞天，属山图公子治之。

第三，南岳衡山洞　名曰朱陵洞天，仙人石长生治之。

第四，西岳华山洞　名曰惣仙洞天，真人惠车子主之。

第五，北岳常山洞　号曰惣玄洞天，真人郑子真治之。

第六，中岳嵩山洞　名曰司马洞天，仙人邓云山治之。

第七，峨眉山洞　名曰虚陵洞天，真人唐览治之。

第八，庐山洞　名曰洞灵真天，真人周正时治之。

第九，四明山洞　名曰丹山赤水天，真人刁道林治之。

第十，会稽山洞　名曰极玄大元天，仙人郭华治之。

第十一，太白山洞　名曰玄德洞天，仙人张季连治之。

第十二，西山洞　名曰天柱宝极玄天，真人唐公成治之。

第十三，小沩山洞　名曰好生玄上天，仙人花丘林治之。

第十四，灊山洞　名曰天柱司玄天，仙人稷丘子治之。

第十五，鬼谷山洞　名曰贵玄司真天，真人崔文子治之。

第十六，武夷山洞　名曰真升化玄天，真人刘少公治之。

第十七，玉笥山洞　名曰太玄法乐天，真人梁伯鸾主之。

第十八，华盖山洞　名曰容成大玉天，仙人羊公修治之。

第十九，盖竹山洞　名曰长耀宝光天，仙人商丘子治之。

第二十，都峤山洞　名曰宝玄洞天，仙人刘根治之。

第二十一，白石山洞　名曰秀乐长真天，白真人治之。

第二十二，岣嵝山洞　名曰玉阙宝圭天，属仙人钱真人治之

第二十三，九疑山洞　名曰朝真太虚天，仙人严真青治之。

第二十四，洞阳山洞　名曰洞阳隐观天，刘真人治之。

第二十五，幕阜山洞　名曰玄真太元天，属陈真人治之。

第二十六，大酉山洞　名曰大酉华妙天，尹真人治之。

第二十七，金庭山洞　名曰金庭崇妙天，属赵仙伯治之。·

第二十八，麻姑山洞　名曰丹霞天，属王真人治之。

第二十九，仙都山洞　名曰仙都祈仙天，属赵真人治之。

第三十，青田山洞　名曰青田大鹤天，属傅真人治之。

第三十一，钟山洞　名曰朱日太生天，龚真人治之。

第三十二，良常山洞　名良常放命洞天，属李真人治之。

第三十三，紫盖山洞　名紫玄洞照天，属公羽真人治之。

第三十四，天目山洞　名曰天盖涤玄天，属姜真人治之。

第三十五，桃源山洞　名曰白马玄光天，属谢真人治之。

第三十六，金华山洞　名曰金华洞元天，属戴真人治之。

太一曰：其次七十二福地，在大地名山之间，上帝命真人治之，其间多得道之所。

第一，地肺山　在江宁府句容县界，昔陶隐居幽栖之处，真人谢允治之。

第二，盖竹山　在衢州仙都县，真人施存治之。

第三，仙礚山　在温州梁城县十五里，近白溪草市，真人张重华治之。

第四，东仙源　在台州黄岩县，属地仙刘奉林治之。

第五，西仙源　亦在台州黄岩县峤岭一百二十里，属地仙张兆期治之。

第六，南田山　在东海东，舟船往来可到，属刘真人治之。

第七，玉溜山　在东海，近蓬莱岛，上多真仙居之，属地仙许迈治之。

第八，清屿山　在东海之西，与扶桑相接，真人刘子光治之。

第九，郁木洞　在玉笥山南，是萧子云侍郎隐处，至今阴雨犹闻丝竹之音，往往樵人遇之，属地仙赤鲁班主之。

第十，丹霞洞　在麻姑山，是蔡经真人得道之处，至今雨夜多闻钟磬之声，属蔡真人治之。

第十一，君山　在洞庭青草湖中，属地仙侯生所治。

第十二，大若岩　在温州永嘉县东一百二十里，属地仙李方回治之。

第十三，焦源　在建州建阳县北，是尹真人隐处。

第十四，灵墟　在台州唐兴县北，是白云先生隐处。

第十五，沃洲　在越州剡县南，属真人方明所治之。

第十六，天姥岑　在剡县南，属真人魏显仁治之。

第十七，若耶溪　在越州会稽县南，属真人山世远所治之。

第十八，金庭山　在庐州巢县，别名紫微山，属马仙人治之。

第十九，清远山　在广州清远县，属阴真人治之。

第二十，安山　在交州北，安期先生隐处，属先生治之。

第二十一，马岭山　在郴州郭内水东，苏耽隐处，属真人力牧主之。

第二十二，鹅羊山　在潭州长沙县，娄驾先生所隐处。

第二十三，洞真墟　在潭州长沙县，西岳真人韩终所治之处。

第二十四，青玉坛　在南岳祝融峰西，青乌公治之。

第二十五，光天坛　在衡岳西源头，凤真人所治之处。

第二十六，洞灵源　在南岳招仙观西，邓先生所隐地也。

第二十七，洞宫山　在建州关隶镇五岭里，黄山公主之。

第二十八，陶山　在温州安国县，陶先生曾隐居此处。

第二十九，三皇井　在温州横阳县，真人鲍察所治处。

第三十，烂柯山　在衢州信安县，王质先生所隐处。

第三十一，勒溪　在建州建阳县东，是孔子遗砚之所。

第三十二，龙虎山　在信州贵溪县，仙人张巨君主之。

第三十三，灵山　在信州上饶县，北墨真人治之。

第三十四，泉源　在罗浮山中，仙人华子期治之。

第三十五，金精山　在虔州虔化县，仇季子治之。

第三十六，合皂山　在吉州新淦县，郭真人所治处。

第三十七，始丰山　在洪州丰城县，尹真人所治之地。

第三十八，逍遥山　在洪州南昌县，徐真人所治之地。

第三十九，东白源　在洪州新吴县东，刘仙人所治之地。

第四十，钵池山　在楚州，王乔得道之处。

第四十一，论山　在润州丹徒县，是终真人治之。

第四十二，毛公坛　在苏州长洲县，属庄仙人修道之所。

第四十三，鸡笼山　在和州历阳县，属郭真人治之。

第四十四，桐柏山　在唐州桐柏县，属李仙君所治之处。

第四十五，平都山　在忠州，是阴真君上升之处。

第四十六，绿萝山　在朗州武陵县接桃源界。

第四十七，虎溪山　在江州南彭泽县，是五柳先生隐处。

第四十八，彰龙山　在潭州澧陵县北，属臧先生治之。

第四十九，抱福山　在连州连山县，属范真人所治处。

第五十，大面山　在益州成都县，属仙人柏成子治之。

第五十一，元晨山　在江州都昌县，孙真人安期生治之。

第五十二，马蹄山　在饶州鄱阳县，真人子州所治之处。

第五十三，德山　在朗州武陵县，仙人张巨君治之。

第五十四，高溪蓝水山　在雍州蓝田县并太上所游处。

第五十五，蓝水　在西都蓝田县，属地仙张兆期所治之处。

第五十六，玉峰　在西都京兆县，属仙人柏户治之。

第五十七，天柱山　在杭州于潜县，属地仙王伯元治之。

第五十八，商谷山　在商州，是四皓仙人隐处。

第五十九，张公洞　在常州宜兴县，真人康桑治之。

第六十，司马悔山　在台州天台山北，是李明仙人所治处。

第六十一，长在山　在齐州长山县，是毛真人治之。

第六十二，中条山　在河中府虞乡县管是赵仙人治处。

第六十三，茭湖鱼澄洞　在西古姚州，始皇先生曾隐此处。

第六十四，绵竹山　在汉州绵竹县，是琼华夫人治之。

第六十五，泸水　在西梁州，是仙人安公治之。

第六十六，甘山　在黔南，是宁真人治处。

第六十七，瑰山　在汉州，是赤须先生治之。

第六十八，金城山　在古限戍又云石戍，是石真人所治之处。

第六十九，云山　在邵州武刚县，属仙人卢生治之。

第七十，北邙山　在东都洛阳县，属魏真人治之。

第七十一，卢山　在福州连江县，属谢真人治之。

第七十二，东海山　在海州东二十五里，属王真人治之。

第八章　道教之方术

第一节　符箓祈禳禁劾诸术

此则古之巫、祝、史，秦汉之方士，今日之巫觋，皆为本等之行业，而今之道士，亦似舍此而外，无谋食之方耳。《隋书·经籍志》云："其受道之法，初受五千文箓，决授三洞箓，次受洞玄箓，次受上清箓。箓皆素书，纪诸天曹官属佐吏之名，有多少，又有诸符错在其间。文章诡怪，世所不识。受者必先洁斋，然后齐金环一，并诸贽币，以见于师。师受其贽，以箓授之，仍剖金环，各持其半，云以为约。弟子得箓，缄而佩之。其洁斋之法，有黄箓、玉箓、金箓、涂炭等斋，为坛三成，每成皆置绵蕝以为限域，傍各开门，皆有法象。斋者亦有人数之限，以次入于绵蕝之中，鱼贯面缚，陈说愆咎，告白神祇，昼夜不息，或一二七日而止。其斋数之外有人者，并在绵蕝之外，谓之斋客，但拜谢而已，不面缚焉。而又有诸消灾度厄之法，依阴阳五行数术，推人年命书之，如章表之仪，并具贽币，烧香陈读，云奏上天曹，请为除厄，谓之上章。夜中于星辰之下，陈设酒脯饼饵币物，历祀天皇太一，祀五星列宿，为书如上章之仪以奏之，名之为醮。又以木为印，刻星辰日月于其上，吸气执之，以印疾病，多有愈者。又能登刃入火而焚敕之，使刃不能割，火不能热。"可以见其大概。凡诸符别有治病消灾辟邪等类，及诸祈禳禁劾之术不具记。凡祈禳祭告，必设醮奏章，称奏章之文曰青词。李肇《翰林志》曰："凡太清宫道观荐告词文，用青藤纸朱字，谓之青词。"亦曰绿章。陆游诗曰："绿章夜奏通明殿，乞借春阴护海棠。"是也。宋真德秀诸人集内，皆载有青词。遂为文体之一。明人如顾鼎臣、袁炜、李春芳、严讷、严嵩辈，先后以善青词结主知，至有青词宰相之诮。又有呼召鬼神之法，谓之诺皋。《抱朴子·登涉》篇云："登涉往山林中，当以左手取青龙上草折半，置逢星下，历明堂，入阴中，禹步而行，三咒曰，诺皋太阴将军。"（皋谓呼号，诺谓应诺，《礼》称人死登屋招魂，曰皋某复，其下必有人代应曰诺，今俗为小孩叫喜尚如此。《酉阳杂俎》有《诺皋记》，即记鬼神之名以备呼召者也。）此即呼召之法也。

第二节　守庚申

三尸即三虫说，道教之三尸虫之说，《抱朴子》已记载，其先《太平经》已部第三卷及卷九二《洞极上平气无虫重复字诀》第一三六腹中三虫之属皆言之。

守庚申者，即因三尸之神，于庚申日上天，言人罪过，故须守之使不能上天也。道士修养者所特重。《云笈七签》有庚申部，引《中山玉柜经服气消三虫诀》云："既食百谷，则邪魔生，三虫聚。"注云："虫有三名，伐人三命，亦号三尸。一名青姑，号上尸，伐人眼，空人泥丸，眼暗面皱，口臭齿落，鼻塞耳聋，发秃眉薄，皆青姑之作也。二名白姑，号中尸，伐人腹，空人藏府，肺胀胃弱，失肌过度，皮癣肉燋，皆白姑之作也。三名血尸，号下尸，伐人肾，空人精髓，腰痛脊急，腿痺臀顽，腕疼胫酸，阴萎精竭，血干骨枯，皆血尸之作也。此三尸毒流，噬嗑胎魂，欲人之心，务其速死，是谓邪魔。人死则尸化为鬼，游鬼幽冥，非乐天庭之乐也。常于人心识之间，使人常行恶事，好色欲，增喜怒，重腥秽，轻良善，惑乱意识，令陷昏危。常以甲寅庚申日，上白天曹，下讼地府，告人罪状，述人过恶。十方刺史受其词，九泉主者容其对，于是上帝或听，人则被罚，轻者在世迍邅，求为不遂；重者奄归大夜，身形成殃，都由人不能绝百谷，断五味，诫嗜欲，禁贫妄，而自致其伤殒。《内景玉书》云：'百谷之实土地精，五味外美邪魔腥，臭乱神明胎气零，三魂恍恍魄靡倾。'要知成败，彼之三虫，由斯五谷也。又《洞章》曰：'太上三气化为神符，号曰三元无量洞章，制命六甲，运使五行，率离还合，却死来生，消除三鬼，涤荡五神。'五神，一曰五尸。三鬼，一曰三虫，虫尸互名，参神乱鬼。三尸，上尸、中尸、下尸也。五尸，青尸、赤尸、黄尸、白尸、黑尸。"又述《神仙守庚申法》云："常以庚申日彻夕不眠，下尸交对，斩死不还。复庚申日彻夕不眠，中尸交对，斩死不还。复庚申日彻夕不眠上尸交对，斩死不还。三尸皆尽，司命削去死籍，著长生录，上与天人游。"盖能斩三尸，则修道可无扰累矣。

第三节 房中行蹻变化

房中术已见《汉书·艺文志》，所谓阴道者也。此亦自汉以来，直至晚近，与服食烧炼同为世人所信行者。《抱朴子·至理篇》云："然行气宜知房中之术，所以尔者，不知阴阳之术，屡为劳损，则行炁难得力也。"又《微旨篇》云:"凡服药千种,三牲之养,而不知房中之术,亦无所益也。"《释滞篇》又云:"房中之术十余家,或以补救伤损,或以攻治众病,或以采阴益阳,或以增年延寿,其大要,在于还精补脑之一事耳。"然《抱朴子》亦不甚以房中之术为能成道。《至理篇》又云:"或曰,闻房中之事能尽其道者,可单行致神仙,并可以移灾解罪,转祸为福,居官高迁,商贾倍利,信乎?《抱朴子》曰:此皆巫书妖妄过差之言,由于好事增加润色,至令失实,或亦奸伪造作虚妄,以欺诳世人;藏隐端绪,以求奉事;招集弟子,以观世利耳,夫阴阳之术,高可以治小疾,次可以免虚耗而已。其理自有极,安能致神仙,及却祸致福乎?"惟此术自医方道书,若孙思邈《外台秘要》,以及《玉房素女》诸书,仍不能摈弃之耳。

行跷者,当战国之初,已有方士为此修养之术。《庄子·刻意篇》云:"吹呴呼吸、吐故纳新、熊经鸟申、为寿而已矣,此导引之士,养形之人,彭祖寿考者之所好也。"盖庄子亦所不满者也。然而张良之导引辟谷,即是此法(详见下章),汉代迄于后世,亦皆盛行。《三国志·华陀传》云:"古之仙者为导引之事,熊颈鸱顾,引挽腰体,动诸关节,以求难老。吾有一术,名五禽之戏,一曰虎,二曰鹿,三曰熊,四曰猨,五曰鸟,亦以除疾,并利蹄足,以当导引。"《抱朴子·杂应篇》云:"若能乘跷者,可以周流天下,不拘山河。凡乘跷道有三法:一曰龙跷,二曰虎跷,三曰鹿卢跷。或服符精思,若欲行千里,则以一时思之,若昼夜十二时思之,则可以一日一夕行万二千里,亦不能过此。"所谓飞遁之事,即由此来,然尚需变化之术。

变化者,言能变化形体,使为异人异物也。《抱朴子·遐览篇》云:"其变化之术,大者惟有墨子《五行记》,本有五卷,昔刘君安未仙去时,抄取其要,以为一卷。其法用药用符,乃能令人飞行上下,隐沦无方。含笑即为妇人,蹙面即为老翁,踞地即为小儿,执仗即成林木,种物即生瓜果可食,画地为河,撮壤成山,坐致行厨,兴云起火,无所不作也。其次有《玉女隐微》一卷,亦化形为飞禽走兽,及金木玉石,兴云致雨,方百里,雪亦如之。渡大水不用舟梁。分形为千人,因风高飞,出入无间。能吐气七色,坐见八极及地下之物。放光万丈,冥室自明。亦大术也。然当步诸星数十,曲折难识,少能谙之。其《淮南鸿宝万毕》皆无及此书者也。"《杂应篇》云:"郑君云:服大隐符十日,欲隐则左转,欲见则右回也。或以玉粭丸涂人身中,或以蛇足散,或怀离母之草,或折青龙之草以伏六丁之下。或入竹田之中而执天枢之壤,或造河龙石室而隐云盖之阴,或服清冷之渊以过幽阙之径,或乘天一马以游紫房,或登天一之明堂,或入玉女之金匮,或背辅向官,立三盖之下。或可为小儿,或可为老翁。或可为鸟,或可为兽,或可为草,或可为木,或可为六畜。或依木成木,或依石成石,依水成水,依火成火。此所谓移形易貌,不能都隐者也。"《后汉书·方伎传》云:"费长房曾为市掾,市中有老翁卖药,悬一壶于肆头,及市罢,辄跳入壶中,市人莫之见,唯长房于楼上观之,异焉。因往再拜奉酒脯,翁知长房之意其神也。谓之曰:子明日可更来。长房旦日复诣翁,翁乃与俱入壶中,唯见玉堂严丽,旨酒甘肴,盈衍其中,共饮毕而出,翁约不听与人言之。后乃就楼上候长房曰:我神仙之人,以遇见责,今事毕,当去,子宁能相随乎?楼下有少酒与卿为别,长房使人取之,不能胜,又令十人扛之,犹不举。翁闻,笑而下楼,以一指提之而上,视器如一升许,而二人饮之,终日不尽。长房遂欲求道,而顾家人为忧。翁乃断一青竹,度与长房身齐,使悬之舍后。家人见之,即长房形也,以为缢死,大小惊号,遂殡葬之,长房立其傍,而莫之见也。"又

“曹操因坐上，欲收左慈杀之，慈乃却入壁中，霍然不知所在。或见于市者又捕之，而市人皆变形，与慈同，莫知谁是。后人逢慈于阳城山头，因复逐之，遂走入羊群。操知不可得，乃令就羊中告之曰：‘不复相杀，本试君术耳。’忽有一老羝，屈前两膝，人立而言曰：‘遽如许’，即竞往赴之，而群羊数百，皆变为羝，并屈前膝人立云：‘遽如许’遂莫知所取焉”。此皆能变化者也。后世有五遁之法，言能依金木水火土五行而遁形。其不能变化隐遁及白日飞升而死者，道书谓之尸解，言将登仙，假托为尸以解化也。《集仙录》曰：“形如生人者，尸解也。足不青皮不皱者，尸解也。目光不落，无异生人者，尸解也。有死而更生者，有未敛而失尸者，有发脱而形飞者，皆尸解也。白日解者为上，夜半解者为下。”至于以兵死者，谓之兵解。又有《太阴炼形法》：“死者尸体如生，爪发潜长，盖默炼于地下，久之则道成矣。”《酉阳杂俎》云：“尸解，向晓向暮，谓之地下主者，太一守尸，三魂营骨，七魄卫肉，胎灵录气，所谓太阴炼形也。”

第九章　道教之修养

《老子》云:“谷神不死,是谓玄牝,玄牝之门,是谓天地根。绵绵若存,用之不勤。”“天长地久,天地所以能长且久者,以其不自生,故能长生。是以圣人后其身而身先,外其身而身存。非以其无私耶,故能成其私。”“载营魄,抱一,能无离乎? 专气致柔,能婴儿乎? 涤除玄览,能无疵乎? 爱民治国,能无知乎? 天门开阖,能无雌乎? 明白四达,能无为乎? 生之畜之,生而不有,为而不恃,长而不宰,是谓玄德。”又《庄子·在宥篇》广成子语黄帝云:“至道之精,窈窈冥冥,至道之极,昏昏默默。无视无听,抱神以静,形将自正。必静必清,无劳女形,无摇女精,乃可以长生。目无所见,耳无所闻,心无所知,女神将守形,形乃长生。慎女内,闭女外,多知为败。我为女遂于大明之上矣,至彼,至阳之原也;为女入于窈冥之门矣,至彼,至阴之原也。天地有官,阴阳有藏,慎守女身,物将自壮。我守其一,以处其和;故我修身千二百岁矣,吾形未常衰。”道教修养之玄理,盖尽于此矣。

道教修养之法,已备见于谷永之谏汉成帝(见《汉书·郊祀志》),谓:“世有仙人服食不终之药,遥兴轻举,登遐倒景,览观县圃,浮游蓬莱。耕耘五德,朝种暮获,与山石无极。黄冶变化,坚冰淖溺(注云:‘方士诈以药石,若陷冰丸,投之冰上,冰即消液,假为神仙道使然。’),化色五仓之术(注云:‘思身中有五色,腹中有五仓神，五色存则不死，五仓存则不饥。’）。”由是观之，谷永数言，已将道教中金丹、存思、服食、变化诸方术，包蕴无余。亦道教承继方士之证也。兹分述如下：

第一节　内　丹

道与儒不同之处，首章已言之。儒家以性命为天所赋，人不能违天，所修者行为之道而已。《易·系辞》云：“各正性命。”《孔疏》云“性者，天生之质，刚柔迟速之别；命者，人所禀受，若贵贱夭寿之属”是也。故孔子但言知命，遇事之杌陧，辄曰命也。孟子亦言“修身以俟命”，以性为固定，命为不可抗者也。然道教则昌言性命双修，欲得长生不死，羽化登仙之道，视性命为可改移者，其思想过于儒矣。《参同契·养性立命章》云：“将欲养性，延命却期，审思后末，当虑其先。人所禀躯，体本一无，元精云布，因气托初。阴阳为度，魂魄所居，阳神曰魂，阴神曰魄，魂之与魄，互为室宅。性主处内，立置鄞鄂，情主营外，筑垣城郭。城郭完全，人物乃安，爰斯之时，情合乾坤。乾动而直，气布精流，坤静而翕，为道舍庐，刚施而退，柔化以滋。九还七返，八归六居，男白女赤，金火相拘，测水定火，五行之初。上善若水，清而无瑕，道之形象，真一难图，变而分布，各自独居。类如鸡子，白黑相符，纵广一寸，以为始初。四肢五脏，筋骨乃俱，弥历十月，脱出其胞，骨若可卷，肉滑若饴。”此即所谓内丹，修养圣胎之法也。《黄庭内景经》云：“琴心三叠儛胎仙。”此言血脉和平之极，则圣胎成，脱胎而出，可以夺造化之功以成仙道矣，修养以精气神为主，谓之三华。《潜确类书》云：“以精化气，以气化神，以神化虚，名三华聚顶。”后世之修道者有秘诀曰：“显密圆通微妙诀，借修性命无他说，算来总是精气神，谨固牢藏休漏泄。休漏泄，体中藏，汝授吾传道自昌，口诀记来多有益，屏除邪欲得清凉。得清凉，光皎洁，好向丹台赏明月，月藏玉兔日藏乌，自有龟蛇相盘结。相盘结，性命坚，却能火里种金莲，攒簇五行颠倒用，功完随作佛和仙。”然而解之者曰：“此精不是交感精，此气不是呼吸气，此神不是思虑神，幸弗从自己身心中摸索。”又引钟离子之说曰：“涕唾精津气血液，七般灵物总皆阴，若将此物为丹质，怎得飞神上玉京。”则谓男子真阳已泄，徒思以自家精血，交结丹胎，为误认玄旨，终不能成仙，是性命之圭旨，端在求练真阳耳。此盖后世之道士修养，较旧派更进一步之谈，谓人身之精气，尚非可以得道，如《悟真篇》诸书所说者也。

第二节　存　思

学道者以存思为首要。即存想神物，端一不离之谓。略举一二：《云笈七签》存思部有《存大洞真经三十九真法》、《存思三洞法》、《老君存思图》等，以及《存思元父玄母诀》之类，要皆存思天神与仙真下降身中而已。今举《云笈七签》卷四十二存思太微小童以为例：“读《高上虚皇君道经》，当思太微小童干景精真气，赤色焕焕，从兆泥丸中入下，布兆身舌本之下血液之府。毕。微祝曰：‘真气下流充幽关，镇神固精塞死源。玉经慧朗通万神，为我致真命长存。拔度七祖返胎仙。’毕。引赤气三咽止，便读玉经毕。又祝曰：‘天有大隐生之灵宝，称曰明梁上之气。守我绝塞之下户，更受生牢门之外，乃又召益元之羽童，列于绿室之轩。使解七祖百结，随风离根，配天迁基，达变人玄，玉清隐文。'又祝曰：'元气非本生，五涂承灵出，雌雄寄神化，森罗邃幽郁。玉音响太和，万唱元中发，仙庭回九变，百混同得一，易有合虚中，俱入帝堂室。'毕。此高上祝秘文，泄之七祖充责。"更试举其七星卧斗法，其言曰："存思七星焕明北方，己身卧于七星斗中，华盖之下。七曜之光，流焕紫景之外冠，覆于己身，在紫景之上，七曜之中。"此在《抱朴子》已言之，《地真篇》云："老君曰：'忽兮恍兮，其中有象，恍兮忽兮，其中有物，'一之谓也。故《仙经》曰：'子欲长生守一，当明思一至饥，一与之粮，思一至渴，一与之浆。一有姓字服色，男长九分，女长六分；或在脐下二寸四分下丹田中；或在心下绛宫金阙，中丹田也；或在人两眉间，却行一寸为明堂，二寸为洞房，三寸为上丹田也。此乃是道家所重。'"此存一之法，思即存思也。亦曰存想。《天随子》云："存谓存我之神，想为想我之身。"其实道教意义，不仅如此。道教自天地星宿山川，以至人身五官五脏，皆有神名，皆欲存思结想以遇之者也。

第三节　导引沐浴

《云笈七签》卷三十二《导引按摩》引《经》云："清旦未起，啄齿二七，闭目握固，漱漏唾三咽气，寻闭而不息，自极。乃徐徐出气，满三止。便起，狼踞鸱顾，左右自摇曳不息，自极复三。便起下床，握固不息，顿踵三，还上一手，下一手，亦不息，自极三。又叉手项上，左右自了戾不息，复三。又伸两足及叉手前却自极复三，皆当朝暮为之,能数充善,平旦以两掌相摩令热,熨眼三过。次又以指按目四眦,令人目明。按《经》云:拘魂门,制魄户,名曰握固,与魂魄安门户也。此固精明目留年还魄之法,若能终日握之,邪气百毒不得入(握固法,屈大拇指于四小指下把之,积习不止,即眼中亦不复开。一说云,令人不遭魔魅)。内解云:一曰精,二曰唾,三曰泪,四曰涕,五曰汗,六曰溺,皆所以损人也。但为损者有轻重耳。人能终日不涕唾,随有漱漏,咽之,若恒含枣核咽之,令人爱气生津液,此大要也(谓取津液非咽核也)。常每旦琢齿三十六通,能至三百弥佳,令人齿坚不痛。次则以舌漱漏,满口中津液,咽之三过止。次摩指少阳令热,以熨目,满二七止,令人目明。每旦初起,以两手掩两耳,极上下热,挼之二七止,令人耳不聋。次又啄齿,漱玉泉三咽,缩鼻闭气,右手从头上引左耳二七,复以左手从头上引右耳二七,止,令人延年不聋。次又引两鬓发举之一七,则总取发两手向上,极势抬上一七,令人血气通,头不白。又法,摩手令热,以摩面,从上至下,去邪气,令人面上有光彩。又法,摩手令热,摩身体从上至下,名曰干浴,令人胜风寒、时气热、头痛、百病皆除。夜欲卧时,常以两手揩摩身体,名曰干浴,辟风邪。峻坐,以左手托头,仰右手向上,尽势托以身,并手振动三,右托头振动亦三,除人睡闷。平旦日未出前,面向南,峻坐,两手托髀,尽势振动三,令人面有光泽生。旦起未梳洗前,峻坐,以左手握右手,于左髀上,前却尽势,按左髀三,又以右手握左手于右髀上,前却按右髀亦三。次,又两手向前,尽势推三。次,又叉两手向胸前,以两肘向前,尽势三。次,直引左臂,卷曲右臂,如挽一斛五斗弓势,尽力为之,右手挽弓势亦然。次,以右手托地,左手仰托天,尽势,右亦然。次,卷两手向前筑,各三七。次,卷左手尽势向背上握指三,右手亦如之,疗背膊臂肘劳气，数为之弥佳。平旦便转讫，以一长拄杖策腋，垂左脚于床前，徐峻尽势，掣左脚五七，回右亦如之，疗脚气痛闷、腰肾冷气、冷痹及膝冷并主之。日夕三掣弥佳。勿大饱及忍小便，掣如不用拄杖，但遣所掣脚不着地，手扶一物亦得。晨夕梳头满一千梳，大去头风，令人发不白。梳讫，以盐花及生麻油搓头顶上，弥佳。如有神明膏搓之，甚佳。旦欲梳洗时，叩齿一百六十，随有津液，便咽之。讫，以水漱口，又更以盐末揩齿，即含取微酢清浆半小合许熟漱，取盐汤吐洗两目讫。以冷水洗面，不得遣冷水入眼中，此法，齿得坚净，目明，无泪水，无䘌齿。平旦洗面时嗽口讫，咽一两咽冷水，令人心明净，去胸臆中热。"

沐浴者，《云笈七签》卷四十一《沐浴篇》《太上素灵经》云："太上曰：'兆之为道，存思《大洞真经》，每先自清斋，沐浴兰汤。'"《太上灵宝无量度人上品妙经》云："道言：行道之日，皆当香汤沐浴。"《黄箓简文经》云："奉经威仪，登斋诵经，当沐浴以精进。若神气不清，则魂爽奔落。"《沐浴身心经》云："沐浴内净者，虚心无垢，外净者，身垢尽除。存念真一，离诸色染，证入无为，进品圣阶。诸天纪善。调汤之人，功德无量。天真皇人复白天尊：'未审五种香汤，获七福因，何者为是，何所修行，有何胜业，愿更开晓。'天尊答曰：'五香者，一者白芷，能去三尸；二者桃皮，能辟邪气；三者柏叶，能降真仙；四者零陵，能集灵圣；五者青木香，能消秽召真。此之五香，有斯五德。七福因者，一者上善水，二者火薪，三者香药，四者浴衣，五者澡豆，六者净巾，七者蜜汤。此七福因，能成七果。一者常生中国为男子身；二者身相具足；三者身体光明，眼瞳彻视；四者鬒发绀青，圆光映顶；五者唇朱口香，四十二齿；六者两手过膝；七者心聪意慧；通了三洞经法。'"

第四节　服食烧炼

服食烧炼，尤为道教所重，自秦汉方士所传，遂为修仙之要道，仅就《抱朴子》所言，已不胜举矣。最要者为服炁（即气字）之法。《抱朴子·至理篇》云："服药虽为长生之本，若能兼行气者，其益甚速若不能得药，但行气而尽其理者，亦得数百岁。""善行气者，内以养身，外以却恶，然百姓日用而不知焉。吴越有禁咒之法，甚有明献多炁耳。知之者可以入大疫之中，与病人同床而已不染，又以群从行，数十人皆使无所畏，此是气可以禳天灾也。或有邪魅山精，侵犯人家，以瓦石掷人，以火烧人屋舍，或形现往来，或但闻其声音言语，而善禁者以气禁之皆即绝，此是气可以禁鬼神也。入山林多溪毒蝮蛇之地，凡人暂经过，无不中伤，而善禁者以气禁之，能辟方数十里上伴侣，皆使无为害者。又能禁虎豹及蛇蜂，皆悉令伏不能起。以炁禁金疮，血即登止。又能续骨连筋。以炁禁白刃，则可蹈之不伤，刺之不入。若人为蛇虺所中，以炁禁之，则立愈。"此皆方士之术也。服气即呼吸吐纳之法，非但服己身之气，尤要能服天地阴阳之气。庄子《逍遥游》："乘天地之正，而御六气之辩。"《楚辞·远游》所谓："餐六气而饮沆瀣兮，漱正阳而含朝霞。"《庄子》李注云："平旦为朝霞，日中篇正阳，日入为飞泉，夜半为沆瀣，天玄、地黄、为六气。"《楚辞》王逸注云："《陵阳子明经》言：春食朝霞，朝霞者，日欲出时黄气也。秋食沦阴，沦阴者，日没以后赤黄气也。冬食沆瀣，沆瀣者，北方夜半气也。夏食正阳，正阳者，南方日中气也。并天玄地黄之气，是为六气。"六气即天地日月之气，仙人餐霞饮露，而道经亦有服食日丹月黄之法，即服食日精月华之谓耳。

服自身之气，最要者为胎息，此即《老子》所云“绵绵若存”者，其呼吸以鼻不以口，尤以丹田呼吸为最要，所谓结圣胎者于此致功焉。《抱朴子·释滞篇》云：“故行炁或可以治百病，或可以入瘟疫，或可以禁蛇虎，或可以止疮血，或可以居水中，或可以行水上，或可以辟饥渴，或可以延年命，其大要者，胎息而已。得胎息者，能不以鼻口嘘吸，如在胞胎之中，则道成矣。初学行炁，鼻中引炁而闭之，阴以心数至一百二十，乃以口吐之及引之，皆不欲令自耳闻其炁出入之声，常令入多出少，以鸿毛著鼻口之上吐炁，而鸿毛不动为候也。渐习转增其心数，久久可以至千，至千则老者更少，日还一日矣。”其功用如此。

此外服食草木金石之药品，尤为学道者所必需，草木之药，《神农本草》已有言服之长生者，医书道书所载其方极多，不能具录。至于秦汉以来，士大夫平时亦多服食草木金石以求长生。而反辟谷。汉张良之道引不食谷（道与导同，服辟谷药而静居行气），李少君以谷道却老方见汉武帝（谷道谓辟谷不食之道），皆其例也。盖本于《庄子》藐姑射神人不食五谷而吸风饮露之说，谓辟除谷食始能仙也。道书云：“神仙以辟谷为下，然却粒则无滓浊，无滓浊则不漏，由此亦可入道。”方书服草木之实而辟谷，《谭子化书》“有火炼铅丹以代谷食者”，则竟以金石代五谷矣。

烧炼金石之故：一为服食以求长生，一为使成黄金以求富。汉以来此术日盛，历代方士相承勿替，谓之金丹玉液。或曰黄白，谓黄金白银（见《汉书·淮南王安传》注）变化之术也。或曰铅汞，谓以铅及汞（即水银）杂他药入炉鼎中炼之，使成金银及丹砂也。或曰炉鼎，即炼丹之器具，其制造、放置，皆有法度。而内丹及房中术亦以炉鼎为喻，并以铅汞喻精气焉。或曰龙虎，谓烹炼之水火也。名称虽多，其为炼丹则一。烧炼金石之法，道书言之最详，不遑具举，所谓石者，以五石为最著，即丹砂、雄黄、白矾、曾青、慈石，谓之五石散（见《抱朴子·金丹篇》），亦曰寒食散。《世说新语》："何平叔云：'服五石散非惟治病，亦觉神明开朗。'"《癸巳存稿》云："《通鉴注》言寒食散盖始于何晏"。又云："炼钟乳硃砂等药为之，言可避火食，故曰寒食。按寒食言服者食宜凉，衣宜薄，惟酒微温饮，非不火食，其法汉张机制，在《金匮要略》中。"魏晋南北朝士大夫以服石为时尚，死者累累，而不知悔。其后则唐帝之服金丹而死者亦相继焉。《抱朴子·金丹篇》说金丹之效云："第一之丹名曰丹华，当先作玄黄，用雄黄水、矾石水（一本作汞）、戎盐、卤咸、矾石、牡蛎、赤石脂、滑石、胡粉各数十斤，以为六一泥，火之三十六日成，服之七日仙。又以玄膏丸此丹，置猛火上，须臾成黄金。第二之丹名曰神丹，亦曰神符，服之百日仙也，行度水火，以此丹涂足下，步行水上，服之三刀圭，三尸九虫，皆即消坏，百病皆愈也。第三之丹名曰神丹，服一刀圭，百日仙也。以与六畜吞之，亦终不死，又能辟五兵。第四之丹名曰还丹，服一刀圭，百日仙也。朱鸟凤凰，翔覆其上，玉女至傍。以一刀圭合水银一斤火之，立成黄金。第五之丹名饵丹，服之三十日仙也。鬼神来侍，玉女至前。第六之丹名炼丹，服之十日仙也又以汞合火之，亦成黄金。第七之丹名柔丹，服一刀圭，百日仙也。第八之丹名伏丹，服之即日仙也。第九之丹名寒丹，服一刀圭，百日仙也。仙童仙女来侍，飞行轻举，不用羽翼。凡此九丹，但得一丹便仙，不在悉作之。"此名九鼎丹。《抱朴子》又曰："复有太清神丹，其法出于元君，元君者，老子之师也。"此篇金丹之最上者，九鼎丹次之，五石散又次之。《抱朴子》云："作此太清神丹，难于九鼎，然是白日升天上之法也。合之当先作华池赤盐，艮雪，玄白飞符，三五神水，乃可起火耳。一转之丹服之三年得仙，二转之丹服之二年得仙，三转之丹服之一年得仙，四转之丹服之半年得仙，五转之丹服之百日得仙，六转之丹服之四十日得仙，七转之丹服之三十日得仙，八转之丹服之十日得仙，九转之丹服之三日得仙。"转者，循环变化之理，如丹砂烧之成水银，积变又还成丹砂是也。烧炼之时愈久，则转数愈多，药力愈足，成仙愈速耳。

第十章　道教之规律

第一节　传　受

道教对于求道者必需有师传授。《太上太霄琅书》曰："天地布气，师教之真，真仙登圣，非师不成。心不可师，师心必败。"然道教对于师弟传受秘道之事，至为慎重，尤以妄传妄泄为戒。兹摘录《汉武内传》上元夫人传《六甲灵飞》于汉武帝之事，因所叙曲折之仪颇备，且系最早出之书，盖六朝人所撰也。其传云："王母曰：'此子勤心已久，而不遇良师。'帝下席叩头曰：'彻下土浊民，不识清真，今日闻道，是生命会遇圣母，今当赐以真形，修以度世。夫人云，今告彻应须五帝六甲六丁六府致灵之术。既蒙启发，宏益无量。唯愿告诲，济臣饥渴。使已枯之木蒙灵阳之润，焦炎之草幸甘雨之溉。不敢多陈。'帝启叩不已。王母又告夫人曰：'夫真形宝文，灵官所贵，此子守求不已，誓以必得，故亏科禁，特以与之。夫人既以告彻篇目十二事毕，必当匠而成之，缘何令人主稽首请乞叩头流血耶？'上元夫人曰：'阿环不苟惜，向不持来耳。此是太虚掌文真人赤童所出，传之既自有男女之限禁，又宜授得道者。恐彻下才，未应得此耳。'王母色不平，乃曰：'天禁漏泄，犯违明科。传必其人，授必知真者，夫人何向下才而说其灵飞之篇目乎？妄说则泄,泄而不传,是炫天道,此禁岂轻于传耶?’夫人谢曰:‘谨受命矣。但环畴昔,蒙倒景君、无常先生二君传灵飞之约,以四千年一传女。授女不授男。环授书以来,并贤大女,即抱兰,凡传六十八女子,固不可授男也。伏见扶广山青真小童受(当作授)《六甲灵飞》于太甲(当作上)中元(当作黄),凡十二事,与环授者同。青真是环入火弟子,所受六甲,未闻是别授于人。彼男官也,今止敕取之。将以授刘彻也。’上元夫人即命侍女纪离容径到扶广山。敕青真小童出《六甲左右灵飞致神之方》十二事,当以授刘彻也。须臾,侍女还。捧五色玉笈凤文之蕴,以出《六甲》之文。夫人乃下席起立,手执八色玉笈凤文之蕴。仰帝而祝曰:‘九天浩洞,太上耀灵,神照玄寂,清虚朗明。登虚者妙,守气者生,至念道臻,寂感真诚。役神形辱,安精年荣。授彻灵飞,及此六丁。左右招神,天光策精,可以步虚,可以隐形,长生久视,还白留青。我传有四万之纪,授彻传在四十之龄。违犯泄漏,祸必族倾,反是天真,必沉幽冥。尔其慎祸,敢告刘生。尔师主是青真小童君,太上中黄道君之师真,元始天王入室弟子也,姓延陵,名子阳,字庇华,形有婴孩之貌,故仙官以青真小童为号。’言毕。夫人一一手指所施用节度,以示帝焉,凡十二事都毕。王母曰:‘此三天太上之所撰。藏于紫陵之台,隐以灵坛之房,封以华琳之函,韫以兰茧之帛,约以紫罗之素,印以太帝之玺。受之者四十年传一人,无其人八十年可顿授二人。得道者四百年一传,得仙者四千年一传,得真者四万年一传,升太上者四十万年一传。非其人谓之泄天道。得其人不传是谓蔽天道。非限妄传是谓轻天老。受而不敬是谓慢天藻。泄、蔽、轻、慢四者,取死之刀斧,延祸之车乘也。’”可知传授,必待虔求,先宜焚香斋洁,受时尤当立誓,勿妄传妄泄。故道经云,张道陵亲受太上质敕,开立二十四治十九静庐,授以正一盟威之道。以用化流愚俗,学者不得贪竞,欲仙道克成,可传之与质朴也。

第二节　赏善罚恶

道教既有神仙官府以治上下四方,则人类之善恶亦归其昭察,而赏罚行焉。《抱朴子·微旨篇》云:"按《易内戒》及《赤松子经》及《河图记命符》皆云:'天地有司过之神,随人所犯轻重,以夺其算,算减则人贫耗,疾病,屡逢忧患。算尽则人死。诸应夺算者,有数百事,不可具论。'又言:'身中有三尸,三尸之为物,虽无形而实魄灵,鬼神之属也。欲使人早死,此尸当得作鬼,自放纵游行,飨人祭酹。是以每到庚申之日,辄上天白司命,道人所为过失。又月晦之夜,灶神亦上天,白人罪状。大者夺纪,纪者三百日也;小者夺算,算者三日也(或作一日),吾亦未能审此事之有无也。'"《抱朴子·对俗篇》云:"行恶事大者,司命夺纪,小过夺算,随所轻重,故所夺有多少也。凡人之受命,得寿自有本数,数本多者,则纪算难尽而迟死,若所禀本少,而所犯者多,则纪算速尽而早死。"又云:"人欲地仙,当立三百善,欲天仙,立千二百善。若有千一百九十九善而忽复中行一恶,则尽失前善,乃当复更起善数耳。故善不在大,恶不在小也。"凡此所述,与其所举善恶各事项,备见于现今通行之《太上感应篇》(此书亦在今《道藏》中),要皆利用神道以为恐吓与引诱,使人类发仁慈之心,由社会以及物类,而消除自利害人之欲焉,非无益耳。后世《紫微功过格》、《太微功过格》,因之而起。而儒生崇奉《太上感应篇》者亦有明代袁了凡之自订功过格,以为行善可以禳祸灾而致福寿，自谓历历不爽，于是儒生信从者愈众矣。

第三节　斋戒及清规

斋戒尤为各教共同所注重。试以儒教言之：古人于祭祀之前，必先斋戒，散斋七日，致斋三日，沐浴更衣，不饮酒，不茹荤，所以壹其心志，以接鬼神。凡遇斋戒则不居内寝，别有斋舍独居之。天子大祀致斋，则宫内及天地坛等均有斋宫，清时且置斋戒铜人于斋宫之内，以示警戒。唐宋以执祭事者为斋郎，唐时皇后献祭，则以公卿女为斋娘，使执笾豆。其严重如此。《庄子·人间世篇》："颜回曰：'回之家贫，唯不饮酒，不茹荤者数月矣，若此则可以为斋乎？'曰：'是祭祀之斋，非心斋也'。回曰：'敢问心斋？'仲尼曰：'若一志，无听之以耳，而听之以心，无听之以心，而听之以气。听止于耳，心止于符。气也者，虚而待物者也。唯道集虚。虚者心斋也。'"至于道士，更当恪守道戒，其规条更繁琐。而心斋二字，亦为所取。《云笈七签·混元皇帝圣纪》云："按诸经斋法，略有三种：一者设供斋，以积德解愆；二者节食斋，可以和神保寿，斯谓祭祝（当作祀）之斋，中士所行也。三者心斋，谓疏沦其心，除嗜欲也，澡雪精神，去秽累也，掊击其智，绝思虑也。""道教五戒：一者不得杀生，二者不得嗜酒，三者不得口是心非，四者不得偷盗，五者不得淫色。十善：一念，孝顺父母。二念，忠事君师。三念，慈心万物。四念，忍性容非。五念，谏诤蠲恶。六念，损己救穷。七念，放生养物，种诸果林。八念，道边舍井，种树立桥。九念，为人兴利除害，教化未晤(同悟)。十念,读三宝经律,恒奉香花供养之。具凡人常行此五戒十善,恒有天人善神卫之,永灭灾殃,长臻福祐。”此篇所叙斋期戒律甚多,不遑具载。最详者为老君说一百八十戒,云以授与干吉(即于吉)者,大要亦与《太上感应篇》所陈相出入,而较严密耳,亦不能备录。但举《化胡经》老君十二戒于下以为例:

老君曰:戒之不饮酒,常当莫念醉,五声味相和,混沌乱正气。

戒之不食肉,心当莫念煞,含血有形类,元气所养活。

戒之勿骂詈,言当禁咒舌,骂人为自骂,咒人为自杀。

戒之勿欺诈,言当有成契,欺人为自欺,华词为负誓。

戒之勿为盗,见利当莫取,所利为赃罪,贪利更相害。

戒之勿淫泆,常当与色绝,阴形相感动,子命为夭折。

戒之勿悭吝,有物无过惜,富饶当施惠,悭贪后受厄。

戒之勿刚强,当可自屈折,强者必先摧,刚者必先缺。

戒之勿视听,耳目当常闭,远视令精散,极听神溃乱。

戒之勿言语,其口常当吸,语烦则费炁,多言则有失。

戒之勿恚怒,心怼当莫发,金木水火土,五行更相伐。

戒之勿淫祀,邪鬼能乱真,但当存正念,道气自扶身。

至于斋之名称,唐《六典》卷四云:“斋有七名:其一曰金录大斋(调和阴阳,消灾伏害,为帝王国王延祚降福),其二曰黄录斋(并为一切拔度先祖),其三曰明真斋(学者自斋,斋先缘),其四曰三元斋(正月十五日天官为上元,七月十五日地官为中元,十月十五日水官为下元,皆法身自忏儩罪焉),其五曰八节斋(修生求仙之法),其六曰涂炭斋(通济一切急难),其七曰自然斋(普为一切祈福),而禳谢复三事。其一曰章,其二曰醮,其三曰理沙。大抵以虚寂自然无为为宗。”兹更将北京白云观揭示之清规列于下:

《全真演教宗坛》恭闻太上立教，爰启清静之门。祖师开坛，聿重规矩之范。欲求心清而意静，必须蹈矩以循规故美玉成器，全赖琢磨功深。精金再镕，具凭煅炼力厚。本常住自丘祖开建以来，夙号会仙第一丛林。名垂京师，日华云烂。近处畿中，鹤舞鸾翔。幸托宇萃，四海之羽流，均瞻教相。凡十方之檀信，共仰元气。苟未能先登道岸，遽白日以超升，还宜确守仙型。凛箴规而践履，功当自尽，过在必惩。谨将清规，开列于后。

一、开静贪睡不起者，跪香。

一、早晚功课不随班者，跪香。

一、早午二斋不随众过堂者，跪香。

一、朔望云集祝寿天尊不到者，跪香。

一、止静后不息灯安衲者，跪香。

一、三五成群，交头结党者，迁衲。

一、失误自己执事，错乱钳捶者，跪香。

一、奸滑慵懒，出坡不随众者，跪香。

一、上殿诵经礼斗，不恭敬者，跪香。

一、本堂喧哗惊众，两相争者，跪香。

一、出门不告假，或私造饮食者，跪香。

一、毁坏常住物件，照数包补者，仍跪香。

一、越职管事，倚上倚下横行凶恶者，跪香。

一、厨房抛撒五谷，作践物料饮食者，跪香。

一、公报私仇，假传命令，重责迁衲。

一、毁谤大众，怨骂斗殴，杖责逐出。

一、无故生端，自造非言，挑弄是非，使众不睦者，逐出。

一、违令公务，霸占执事者，逐出。

一、茹荤饮酒，不顾道体者，逐出。

一、赌博引诱少年者，逐出。

一、偷盗常住物件，及他人财物者，逐出。

一、犯清规不受罚者，杖责革出，永不复入逐出。

一、违犯国法，奸盗邪淫，坏教败宗，顶清规，火化示众（处以死刑，用火焚其尸，此时将清规置于犯人顶上，故有此罚名）。

以上清规条律，原系祖师之玄范，指示后学，入道之楷梯也。阐扬大道，而陶情淑生之具也。诚能遵此修持无过，抑且功完行满，不患仙阶难登，瑶池难赴。有志入道者，当以身命为本，廉耻为重，戒之慎之，须至榜者。

上榜通知。

咸丰六年十一月

第四节　诵　持

凡受师传之经忏符箓，必当念诵佩持，其念诵之声亦有别调。《老子八十一化经》云："合口诵经声琐琐，眼中泪滴珠子颗。"但云琐琐而已。《渊鉴类函》卷三百十九道部道士三步虚声条下引《吴苑记》曰："陈思王游鱼山，闻岩里有诵经声，清远寥亮，因使解音者写之，为神仙之声。道士效之作步虚声。"此盖传说，未足信据。或因效僧徒梵呗而作此声耳。鄙意道士步虚声，盖循六朝以来诵诗之声。庾子山有《道士步虚词》十首，清吴兆宜《笺注》引吴竞《乐府解题》："步虚，道家所唱，备言缥缈轻举之美。"盖得其实。东晋之诗，大都有缥缈轻举之致。如晋王嘉《拾遗记》所造少昊时皇娥歌云"天清地旷浩茫茫，万象回薄化无方，涂天荡荡望沧沧"及白帝子答歌云"四维八埏眇难极，驱光逐影穷水域，璇宫夜静当轩织"，以及当时苏氏《璇玑图》诗，与《黄庭经》七言，声调皆相仿，此实步虚声之由来也。唐代始有步虚声之名词见于诗句，如《逸史》："许澶（一作浑）暴卒，三日醒，作诗云：'晓入瑶台露气清，坐中惟见许飞琼。'复寐惊起，改第二句云：'天风吹下步虚声。'曰：昨夜梦到瑶台，有女三百余人，一云是许飞琼，令改二句，不欲世人知有我也。"张籍诗曰："却到瑶台上头宿，应闻空里步虚声。"殷尧恭诗曰："星辰朝帝处，鸾鹤步虚声。"王建诗曰："道士写将行气法，家童授与步虚词。"《通考》道教有《步虚经》。鼌氏曰："太极仙人传左仙翁，其章皆高仙上圣，朝玄都玉京，飞巡虚空之所讽咏。故曰步虚。"若夫佩持经箓，必敬必戒，道经中详言之，不烦备具。至于近世，无论全真教与正一派，要皆以经典科教为注重。全真教道徒日夕所诵持者为《高上玉皇本行集经》、《玉枢宝经》、《三官忏》及《全真全功课经》等。

第十一章　道佛二教之互相利用

自道教初兴，佛道亦即输入。相传汉明帝求佛教于西域，输入佛经佛像。但亦有谓秦及西汉末，佛教已传入者，非本书所论。其始道佛二教互相利用，如汉明帝之弟楚王英即以奉佛称。《后汉书·楚王英传》言英喜黄老学，为浮屠斋戒祭祀。明帝诏云："楚王诵黄老之微言，尚浮屠之仁祠，洁斋三月，与神为誓，何嫌何疑，当有悔吝。其还赎以助伊蒲塞桑门之盛馔。"桓帝亦兼好佛老。《后汉书·襄楷传》云："闻宫中立黄老浮屠之祠，此道清虚，贵尚无为，好生恶杀，省欲去奢。"可见佛教初入，尚沿袭道称，号为浮屠道，与道教并重。儒、释、道三教之名称，远在其后。（陶弘景《茅山长沙馆碑》："百法纷凑，无越三教之境。"道佛并重，乃至三教并崇，则后代尚然，今犹如是。）《南齐书·张融传》云："病卒，遗令：入殓，左手执《孝经》、《老子》，右手执小品《法华经》。"即陶弘景信道亦兼信佛，《南史·陶弘景传》云："曾梦佛授其菩提记云，名为胜力菩萨，乃诣鄮县阿育王塔自誓受五大戒。"既没遗令："冠巾法服，左肘录铃，右肘药铃，佩符络左腋下，绕腰穿环，结于前，钗符于髻上，通以大袈裟复衾蒙首足。道人道士并在门中，道人左，道士右，百日内，夜常燃灯，旦常香火。弟子遵而行之。"道人即僧，道士即道也。是今人于丧中兼延僧道诵经，有由来矣。

道佛二教同以出世为宗，所标义旨，或有相同，初非相袭。又佛教初入中国，译天竺文为汉字，不能不利用道家之字义，如妙字即用《老子》之“常无欲以观其妙”，以及“众妙之门”也。尘字即用老子之“和其光同其尘”也。亦不得谓之相袭。但自佛道杂处以后，其因互相利用而成为相者，亦可得而言焉。如《通考》卷二百二十四《朱子语录》云：“道书中《真诰》末后有《道授篇》，却是窃佛家《四十二章经》为之。非特此也，至如地狱托生妄诞之说，皆是窃他佛教中至鄙至陋者。某尝谓其徒曰：自家有个宝珠，被他窃去了，却不照管，亦都不知。却去他墙根壁角，窃得个破瓶破罐用，此甚好笑。”而道经更袭取佛经名字，如毘卢遮那、药王、血湖、地狱、诸天（《酉阳杂俎》谓其数同，名别，然名亦有相同者，如兜术、兜率，及梵辅、梵度等之袭用梵字是也）等名，以及佛书辞义，如劫数、三昧、转轮五道、妙法莲华之类，不可胜记，则尤无意味矣（佛书亦有袭道经者，可参看本章）。日本小柳司气太有论《道教与真言密教之关系》一篇，姑摘译其大概，然非谓其绝对可信也。小柳司谓道教剽窃模仿佛教之教理及礼仪，已具述于彼所著《道教概说》中，按：该书云：“道经多模仿佛典，一观其名，可即知之。例如《道藏》目录中之《高上玉皇本行集经》、《太上老君父母恩重经》，又《法琳破邪论》所举之《道士法轮经》、《智慧观身大戒经》、《老子大权菩萨经》、《灵宝法轮经》等，皆是也。又其文章，则据法琳之《辨正论》卷九之所揭者，有《真步虚品偈》之‘有见过去尊，自然成真道；身色如金山，端严甚微妙；如净琉璃中，内观元始真；圣尊在大众，敷衍化迷强’一节，此乃摹拟《妙法莲华经》之‘又见诸如来，自然成佛道；身色如金山，端座甚微妙，如净琉璃中，内现其金像；世尊在大众，敷衍深法义’者。又《本相经》之天尊说法时，亦云乾闼婆及人非人等，六牙白象，四众围绕，一百数匝；天尊以中夏一音，演说此义，众生随言类解云。又有‘天尊在林中，出眉间白毫光明，照南方大千国土’等。又三洞之取自三藏，及天尊之名称之取自佛之十号，与三十二天之拟诸三十三天等；模拟剽窃，一至于此，若说破之，殊觉滑稽。”

更列记各点于下：

一、道教信者之寝卧，用佛教所谓狮子卧之法。狮子卧者何也，《中阿含经》云：“世尊告阿难曰：‘汝卧当如狮子卧法。’尊者阿难白曰：‘世尊，狮子卧法云何？’世尊答曰：‘阿难，兽王狮子，书为食行，行已入窟，若欲眠时，足足相累，展尾在后，右胁而卧。’”即屈两足，下右肋腹而卧也（同经第八之第二）。

二、道教信者要沐浴，或使用香汤。《真诰》南岳夫人曰：“浴不厌数，患人不能耳。数则荡炼尸臭，而真炁来入。”此或受佛教之影响。《南海寄归传》卷三云：“释尊作浴室。其利益：一则身体清虚，无诸垢秽，一则痰癖消散，能餐饮食。”特如香汤，据真言密教所言，即《最胜王经》云：“应用香系三十二味调合之香汤。”《苏悉地经》云：“每日必三回澡浴。”

三、道教忌食五荤，即孔子常食之姜亦禁之，未免太甚，或系依佛教戒律。

四、道教谓身体各机关皆有神，而称脑神曰泥丸。注云：“如一丸之地而守身之总要也。”（《黄庭内景经》注）但愚见此得非涅槃之音释耶？《义楚六帖》卷三诸法名相四之涅槃非梵条《净名经义钞》云：“涅奴结反，如水黑色貌槃器物，有云梵语谬也。梵语‘波利眤缚喃’，此云圆寂。梵僧译经时，既不会语，以泥丸示之，便云泥丸经，既非本名，又将槃盛水，为是涅槃，比取圆寂。玄奘三藏，自至西天来，方知是误。”《六帖》文意稍欠明了，涅槃或音释为泥洹、泥畔等，则亦可音释为泥丸。《道藏辑要》奎集四，有陈泥丸真人《泥洹集》，是则谓泥丸即涅槃，非勉强附会矣。

五、《抱朴子·微旨篇》揭修道诸善行，一变而为《太上感应篇》，再变而为《阴骘文》（《明史·艺文志》有永乐敕撰《为善阴骘》，当属同类）。前二者纯然道教思想。但《阴骘文》则带佛教之色彩。其文云："或奉真朝斗，或拜佛念经，报答四恩，广行三教。措衣食，周道路之饥寒，施棺椁，免尸骸之暴露。印造经文，创修寺院。舍药材以拯疾苦，施茶水以解渴烦，或买物而放生，或持斋而戒杀。举步常看虫蚁，禁火勿焚山林。点夜灯以照人行，造河船以济人渡。勿宰耕牛，勿弃字纸，剪碍道之荆榛，除当途之瓦石，修数百年崎岖之路，造千万人来往之桥。"试证以《佛说诸德福田经》（西普、法立、法矩共译，宿帙八）所说七种福田："一者，兴立佛图，僧房堂阁。二者，园乐浴池，树木清凉。三者，常施医药，疗救诸病。四者，作牢坚船，济渡人民。五者，安设桥梁，过度羸弱。六者，近道作井，渴乏得饮。七者，造作圊厕，施便利处。"可知《阴骘文》显本于佛教也。

六、道教有三尸，以人类善恶告天帝之说，见《抱朴子》。《佛说四天王经》（宋智岩、宝云共译，宿帙八）云："佛告诸弟子，慎尔心念，无爱六欲。……内以清净，外当尽孝，晨入尊庙，稽首悔过，朝禀暮诵，思经妙义。……寿命犹电，恍惚即灭。斋日责心，慎身守口。诸天斋日，伺人善恶。须弥山上，即第二忉利天，天帝名因，福德巍巍，典主四天，四天神王，即因四镇王也。各理一方，常以月八日，遣使者下，案行天下。伺帝王臣民龙鬼蜎蜚蚑行蠕动之类，心念口言，身行善恶。十四日遣太子下，十五日四天王自下，二十三日使者复下,二十九日太子复下,三十日四天王复自下,……若持一戒,令五神护之,五戒具者,令二十五神,营卫门户。殃疫众邪,阴谋消灭。……寿命益长,生不更牢狱,死得上生天上,福德所愿,自然飞行,存亡自在。……拘留秦佛时,人寿六万岁,民性无为。……彼佛去世,正教衰薄。……其寿日减,至于百岁,吾善逝后,民违佛教,无复孝子,司命减算,寿日有减。”此经翻译,在《抱朴子》后数百年,此之佛说,当为模仿道教者矣。

至于真言密教,尤与道教相近,试证之:

一、即身成佛与即身成仙　密教视吾身与圆满具足胎藏界(理)金刚界(智)之大日如来为一体,谓之理具法身。如能加持此法身,完成其修行,则可使父母所住之身显见法身。佛教禅宗亦唱即心即佛,其他显教,亦有云即身成佛者。然不过理论上之成佛,所谓将来成佛耳。密教之成佛则不然,其境界,则无可断之惑,无可断之智。男女之情爱,即成金刚萨埵五秘密之曼荼罗;愤恚即成大圣不动之曼荼罗;贪欲即成明王曼荼罗;所谓毗萨么曳,即奇哉怪哉。要之,他宗谓众生即佛,密宗则依佛即众生也之见地,而谓烦恼即菩提也。《大日经》卷三悉地出现品第六:“不舍于此身,速得神境通,游步大空位,而成身秘密。”《菩提心论》:“若人求佛慧,通达菩提心,父母所生身,速证大觉位。”道教以道为宇宙之本体,不增不减。吾人体得之,则可与天地同长久。《抱朴子·对俗篇》云:“古之得仙者,或身生羽翼,变化飞行,失人之本,更受异形,有雀之为蛤,雉之为蜃,非人道也。人道当食甘旨,服轻暖,通阴阳,处官能,耳目聪明,骨节坚强,颜色和悦,老而不衰,延年久视,出处任意,寒温风湿不能伤,鬼神众精不能犯,五兵百毒不能中,忧喜毁誉不为累,乃为贵耳。若委弃妻子,独处山泽,邈然绝人理,块然与木石为邻,不足为多也。”可知与密教相同矣。

二、观法与存思 密教以我肉体为大日如来之理具法身,故谓现于金胎两部之诸佛法尊,皆为大日如来之化身。同时,我之四肢五体百节,亦皆佛格化。例如《胎藏界中台八叶》之五佛,《金刚界五月轮》之五如来,以表现五智。

法界体性智	黄地中	(《金》)毗卢遮那佛	(《胎》)大日如来
大圆镜智	青空东	(同)阿闳佛	(同)宝幢如来
平等智	赤火南	(同)宝生佛	(同)华开如来
妙观察智	白风西	(同)阿弥陀佛	(同)无量寿如来
成所作智	黑水北	(同)不空成就佛	(同)天鼓雷音如来

更三分此理具法身。自脐以下,为生身释迦如来;由胸至咽为无量诸菩萨居所;自咽以上,以表果德圆满之佛身;谓之“五轮观”。《金刚顶大教王经》第一品:“金刚界菩萨摩诃萨,白彼一切如来言,世尊如来,我见一切如来,为自身一切如来复告言。是故摩诃萨,一切萨埵金刚具一切形成就,观自身佛形。”《大日经》卷五秘密曼陀罗品第十一:“真言者圆坛,先置于自体,自足而至脐,合成大金刚轮,从此而至心。当思惟水轮,水轮上火轮,火轮上风轮,次应念持地,而图众形图。”

据道教所说,我之肉体,由三个要素成立。自咽以上为上丹田,其中心为脑,为天之精,其色赤。自脐至咽为中丹田,其中心为脾,为人之神,其色黄。脐以下为下丹田,其中心为命门,即肾,为地之气,其色白。调和精气神,为使寿命长久之最要者。丹即谓调和,本指丹砂。但作抽象的解释,则丹乃指真元之炁(见《度人上品妙经注》)。以肾、脾、脑三处养成此真元,犹如田然,故曰丹田。真元养成之后,则五气朝元,即金木水火土五行之精气,在人身内，皆纯粹中正，与世界之本体一致也。换言之，五行之精气，归于水火二者。水火者阴阳也，寿命长短，依身内阴阳二气之调和与否以为准。阴阳调和，即成真元之丹，与天地同寿。周子《太极图》，即寓此意味。《太极图》最上一圈即炼丹之术语，炼气还虚，即五气朝元，老子所云复归于无极也。恰与《五轮观》最上圈之“空”相同。而且密教以五大配当五位、五色、五形（地正方形，水圆形，水三角形，风半月形，空一点），颇同中国五行之思想与象征。

《黄庭经》人身各部之神，修道得真，不可不假此诸神之力。对于此等之神，心中须思维其存在，外可防邪，内可洁身，而炼神成丹焉。梁丘子注《黄庭经》云：“临目外观，则鬼神标形，接手内视，则藏腑洞别，乃无表里，无隔栖，真光降灵。金映盖一体，体作五色，从肺后出，项有圆光如日象。”于是脏腑之神仿佛目前，而圆光恰如佛之有背光焉。

三、鬼神及方术　密教传承印度古代之《宿曜术》，供禁忌之用。如文殊师利菩萨及《诸仙所说吉凶时日善恶宿曜经》、《宿曜仪轨》、《七曜禳灾决》是也。天部鬼神，名称种种，四大天王，诸星，诸神将，皆乞其加护而使禁咒有效。而禁忌有万能之效力，虽如何之难事，皆可依以成就。如《苏婆呼经》、《大药叉女欢喜母并爱子成就经》等，日常琐事，皆应用之。

道教亦然，诸天日月星斗皆有神名，亦有九宫贵神及六十太岁、月将、日值诸神，皆有名姓，凡出行建造之类，必择日祭告，以求庇护。

四、道教有房中术，密教亦有立川流（日本密教所有），有明王，则有明妃，如《大日经》、《瑜祇经》、《理趣经》皆有此思想。又有

《双身大圣天欢喜毗奈耶迦经》，记欢喜佛，夫妇俱象头人身。红教喇嘛亦供欢喜佛，元宫中行“演揲儿法”（秘密大喜乐禅定），亦此术也（见《元史·哈麻传》及《庚申外史》）。

五、修业之处所。练精神，学方术，必选择其土地与居处。密教有：“当自安住真言行，如所说明次第仪，先礼灌顶传教尊，请白尊言所修业，智者蒙师许可已，依于地分所宜处，妙山补峰半岩间，种种岩密两山中，于一切时得安稳，芰荷青莲遍严池，大河泾川州岸侧，远离人物众溃闹……舍离在家绝谊务，勤转五欲诸盖缠。”（《大日经》卷七真言行学处品第一）复次演说持诵真言成就处者，往可方地，速得成就佛所得道，降四魔处为最上……或有名山，多诸林木，复多花果交流，如是之处，说为胜地（《苏悉地经》卷上择处品第五）。

道教亦于修业采药之际，住深山而绝世务，同伴者不得过三人，名其修业之室为静室。《真诰》云：“建筑静室，柱、桁、梁，皆用同一之木材，于南方设通光之窗，门户皆密闭，妨为外所见。”

道教模仿佛教，造作诸种伪经，佛教亦然，尤以密教利用道教之信仰而有造伪经之事。盖自唐以来，道教大盛，佛教欲与之并，故造之以冀混合。今举其一二：

一、《佛说天地八阳神咒经》（义净译，续经第二三套第四）云：“日游、月杀、大将军、黄幡、豹尾、五土地神。青龙、白虎、朱雀、玄武、六甲禁讳，十二诸神，土府伏龙，一切鬼魅，皆尽隐藏，远屏四方，形销影灭，不敢为害。”此皆中国旧有而印度所无者。

二、《秽迹金刚禁百变注经》（唐阿质达霰译，闰帙一三）经中有符数十，或治万病，或能隐身，或能免水火之难，或为求诸种珍宝。其符形式，颇与《抱朴子》及其他道书相类似，此则显然剽窃道教者也。

三、《佛说十王经》有泰山府君，三魂七魄，又见镜。《佛说预修十王经》有司命、司禄。皆中国旧籍及道书所有者。泰山府君，密教称为深沙大将，谓为阎魔王太子。

四、《文殊灭淫欲我慢陀罗尼》（闰十二）云："行此法者，断酒肉五辛血食，男子九九八十一日，女子七七四十九日，昼夜谨心读诵。"此九九七七之数，本于易之阴阳奇偶，亦道家所有也。

五、道教信仰北斗星，密教之妙见菩萨与之同体，《七佛所说神咒经》第二（成帙二）云："我北辰菩萨，名曰妙见，今欲说神咒，拥护诸国土，所作其奇特，故名曰妙见，处于阎浮提，众星中最胜，神仙中之仙，菩萨之大将。"此菩萨足踏龟蛇，乃北方玄武之象，实为道教之神。又有《北斗七星延命经》（唐婆罗门译，余帙四）。七星者，贪狼星（子）、巨门星（丑亥）、禄存星（寅戌）、文曲星（酉）、武曲星（巳未）、破军星（午）、廉贞星（辰甲），皆中国之名称，加左辅右弼为九星，以配八卦，如一白二黑之类，谓之九星术。

六、道教之庚申祭，密教亦利用之，附会为青面金刚，及帝释天。《北斗七星护摩秘要仪轨》（大兴善寺翻经院灌顶阿阇梨述，余帙一）谓北斗九星者，日月五星之精也。囊括七曜，照临八方，上曜于天神，下直于人间，以司善恶，而分祸福，群星所朝宗，万灵所俯仰，若有人能礼拜供养，长寿福贵，不信敬者，运命不久，是以禄命书云，世有司命神，每至庚申日，上向天帝，陈说众人之善恶，重罪者则彻算。轻罪者则去纪，算尽纪失，即者命亡，是故如来为末世薄福短命夭死众生故，说是一字顶轮王召北斗七星供养护摩之仪则，为供养者，全其属命星数，削死籍还付生籍。

七、佛徒之信道教者亦有之，如《梁高僧传》卷十，单道开服食松脂,卷十一,涉公不食五谷,日行五百里,皆是。

以上皆为小柳司之言,有误以各教共同之点而妄认为相袭者,读者可自辨之也。

第十二章 道佛二教之相排

惟佛教西来之后，见其时道教势力已隆隆直上，故一面欲利用之，而一面则诋排之。如《辨惑论》云："道家方术浊秽不清，乃扣齿为天鼓，咽唾为醴泉，马屎为灵薪，老鼠为芝药，资此求道，焉能得乎？"《破邪论》云："唤妇女为朱门，呼丈夫为玉柱，口唾为玉液。"《辨正论》曰："自黄老风浇，容服亦变，非道非俗，谚号阉人。善诅善骂，古名鬼卒。其救苦也，则解发系颈，以绳自缚，牛粪涂身，互相鞭打。其法律也，若失符箓，则倒衔手板，逆风扫地，杨枝百束，自斫自负。盗章奏也，则匍匐灰狱，背负水沤，责罚尤重，同奴隶之法，罪谴衔伏，比畜生之类。"至于《笑道论》则明白揭出，显然宣战矣。

然而道士对于佛教之输入，以信奉者日盛，亦恐夺其衣食，遂起竞争。其始倡为老子西游化胡成佛，以佛为道教弟子，此说已起于东汉之时。《后汉书・襄楷传》云："或言老子入夷狄为浮屠。"后世道经如《老子西升经》、《老子化胡经》之类，益推波助澜，证成其事，而佛教徒亦遂造作经典。《海录碎事》引《清净行法经》："佛遣三弟子震旦教化，儒童菩萨，彼称孔丘。净光菩萨，彼称颜回。摩诃迦叶，彼称老子。"《释藏》中无此经名，盖系伪造。按《唯识述记》："摩纳缚迦，此云孺童，释尊往昔为孺童菩萨，供养燃灯佛。见《瑞应经》。"又《心地观经》作摩纳仙人，皆指如来，无孔子为儒童之说。盖讹孺为儒，遂以属之孔子也。溧水县南，相传有儒童祠，本孔子祠，南唐改曰儒童寺。盖自东汉以来，道佛二教相争为师，互相排诋，遂日以激烈矣。《南史·顾欢传》："欢以佛道二家，互相非毁。论之曰：五帝三皇，不闻有佛国师，道士无过老庄，儒林之宗，孰出周孔。若孔老非圣，谁则当之。然二经所说如合符契，道则佛也，佛则道也，其圣则符，其迹则反。佛道齐乎达化，而有夷夏之别。今以中夏之性，效西戎之法，既不全同，又不全异，下育妻孥，上绝宗祀，嗜欲之物，皆以礼伸，孝敬之典，独以法屈，悖礼犯顺，曾莫之觉，弱丧忘归，孰识其旧。佛教文而博，道教质而精，精非粗人所信，博非精人所能。佛言华而引，道言实而抑，抑则明者独进，引则昧者竞前。佛经繁而显，道经简而幽，幽则妙门难见，显则正路易遵。此二法之辩也。"欢论虽同二法，而意党道教，此盖保护国教之盛心，而北朝魏太武帝崇道灭佛，亦信崔浩之言，以佛为胡神耳。袁粲托为道人通公，与之相驳，此两家争论，但及玄义而已。后乃互诋益甚，决发鄙猥。佛徒作《笑道论》（见《广弘明集》卷九），道流亦作《道笑论》以敌之。两家著作日多，极尽村妇对骂之致。兹举《癸巳类稿》所记，以见一斑。"周天和五年，甄鸾上《笑道论》，五月十日，群臣详议，以为伤蠹道法，即于殿廷焚荡。《法苑珠林》则盛夸其书，今僧徒私宝之，书不可灭，故道家聊笑焉。《笑道论》曰，《文始传》云：'老子与尹喜游天上，入九重白门，天帝见老便拜，老便命喜与天帝相礼。'道家笑曰：《广弘明集》造《吴书》云：'阚泽对吴主曰，若以孔老与佛比方，孔老二教法天制用，不敢远天，诸佛设教，天法奉行，不敢违佛。'以此言之，实非比对，与道争奇。至谓天有不敢，可云奇特。又言天帝供养释种，稽首顶礼。生集沙门，不拜王者，已是乱民，今复死傲天帝，岂非狂鬼，混沌之谈，七情不备，竟无惧心，良可笑也。《笑道论》曰：'臣就观学，先教臣《黄书》合气之法，三五七九，男女交接之道，四目四鼻，两口两舌，两手两心，正对阴阳，法二十四气之数行道。'（依《辨正论·出道谬伪篇》引较详）道家笑曰，就寺披经，尤堪抚掌，《大集经》（有函虞函）云，贤劫初，大三摩多夫人贪欲，驴根出见，就之生子。《观佛三昧经》云，佛出身根，绕须弥山七匝。又云，佛化人与淫女妙意行于世事，乃至六日，缠绵不已。《大威德陀罗尼经》云，佛告阿难，如一妇人，以千数丈夫受欲果报，不可令其知足。有五疽虫户在阴道中，常恼彼女，令其动作。《楼炭经叨利天品》云，兜率天相牵手，他化自在天念，淫即成立。《世论》云，诸天以泄气为乐。佛避女色，止畏衰相，既不敢淫，又欲泄气，与淫女合，即云非违，何取握固，六周旦昏。刘昼傅奕人俱通雅，抉僧隐私，言僧尼不昏，夭胎杀子，道譬狼餐，释乃鼠窃，贪慕嗔螯，良可笑也。《笑道论》曰：'《文始传》云，道生东方为木，男也；释生西方为金，女也。案金克木，官鬼为夫，佛应是男；道乃为女。'道家笑曰，循检后汉佛书初入中国，即有《弥勒为女身经》、《转女身菩萨经》（后汉失译，唐智深《开元释教录》犹载其目）。佛本是女，是好女子，何劳深讳，甄鸾所案星命偏词，道家所依，天下通义。《孔子元辰经》（萧吉《五行大义》）云，男立命于寅，女立命于申，阴能损阳，故金克木，若言官鬼为夫，则是专论女人年命（古用六字，以太岁言），五色取间，箕毕从好，木八诚女，金九诚男，然金四嫁丙，岂得非女。又日生于东，是为阳宗，月生于西，是为阴宗；盛德在木，春东为阳，盛德在金，秋西为阴；道不违天，就居男位，天不违佛，乃生西方。鸾不明理，使阴阳错，良可笑也。《笑道论》曰：'佛书南无，是为梵语，道言西金畏火，南方无佛，又言胡王，以老子南化天竺，乃稽首称南无佛。'道家笑曰，归命还音，应云曩膜，此方学者，不习番言，南无之文，解之失旨。僧徒本意，强取南无，以示希有，亦未得也。和尚桑门，亦是番名，苾刍苾刍夷（优婆夷是此夷字，今作尼者，亦僧徒妄诞之证），本有正音，今则比丘比丘尼，忽饰华文，上比孔圣，自是志高，还译语佛，殆将不晓。不夷不夏，名号无稽，良可笑也。《笑道论》曰：'老子化胡，老子妻愤陀利为释迦佛，又尹喜等为佛使罽宾国，一时五佛顿出。'道家笑曰，《清净法行经》（《法苑珠林》）云：'佛遣三弟子，儒童菩萨为孔子，光净菩萨为颜渊，摩诃迦叶为老子。'（可参看前章所引《海录碎事》，语有异同）《空寂所闻经》（《辨正论》）云：'迦叶为老子。'《须弥四域经》（《辨正论》）云：'应声大士为伏义，吉祥菩萨为女娲。'佛生年有限，不闻上及伏羲女娲，下及孔子颜渊，五佛同时，可云老作，万年各圣，定非佛遣。佛家宏旨，感见不定，则道遣五佛，即是禅会。鸾议顿出，识等醯鸡，又老子化胡，后汉襄楷已明言之，其时佛法初至中国，语必不虚。又为《女身经转女身经》，后汉不译，殆讳债陀利事。《魏书·于阗传》云：'比摩寺是老子化胡成佛之所。'西域自言佛是老子所化，甄鸾不达，乃复笑之，不成笑道，正是谤佛，小辨失据，良可笑也。《笑道论》曰：'《化胡经》云，佛法上限三十三天，不及道家八十一天，是为道妄。'道家笑曰，天运九重，位分九野，以九乘九，八十一天，邃古妙义。三十三天，出何典记，《道藏·灵书经》：'大罗是五亿五万五千五百五十五重天之上天'，此则用五对三，与释同妄。又据佛谈，某天有欲，某天无欲，广撰谰言，良可笑也。《笑道论》曰：'《文始传》云，日月直度各三千里，回六千里，直回二率不应。'道家笑曰，《起世经》（因函）云：'日月天子，身分光明，形服瓔珞，日日转侧。'《大集经》云：'有一圣人，名大威德，语驴子之子，谓此昂宿，其姊所生。'所言日月，不晓光由，又使昂宿，横添丈人。又云：‘大星宿其数有八，五星日月罗候’，日月为星，既昧日生之气，至于罗睺，更不光明，曾此不知，又何为教。《楼炭经》（积函）云：‘大星围七百里，中星四百八十里，小星二十里。’《增一阿含经》（空字函）云：‘大星一由旬（三十里），小星二百步。’《瑜珈论》（性函）云：‘大星十八拘卢舍（一拘卢舍得牛鸣闻五里），中星十拘卢舍，小星四拘卢舍。’《文始》言三千里，三乃二误，积昼偶加，鸾持作笑。及览僧译，如瞽谈天，忽大忽小；日被璎珞，星仞亲眷；良可笑也。《笑道论》曰：‘道士威仪，俱袭僧旧，方丈三洞，名亦释余。’道家笑曰，道教中元施食，事由玄都大会，释家自论博叉（月也），不合中宪日月。乃言七月十五，目连面然，别生典故，赚施小利，便背佛宪。后又传讹婆那作盆，倒悬为盎（见《一切经音义》），袭用中元，明是道士余谈，盆混婆那，岂非室如悬磬，觚却不觚释将非释，良可笑也。”两家相诋，互云剿袭，迄于后代，竟无休止。又有儒生加入辩论，并诋道佛，成为三教相争。南朝以至唐代，帝王亦往往召集三教名流，听其辩驳，有议屈而被罚者。民间亦造为三教吸酸图，画儒生僧人道士三人，共围一醋甕，持杯攒眉而吸醋（此图日本尚有之，绘入《日本百科大辞典》）。亦可谓尽讥嘲之能事矣。

第十三章　唐宋两朝之道教

南北朝崇奉道教已见于前。南朝宋文帝且立玄学，使何尚之主之，召集生徒，与儒学并峙。北周武帝虽毁灭佛道二教，然帝死而即复。隋文帝亦崇道，其开皇年号，即采自道书者也。开皇二十年诏曰："佛法深妙，道教虚融，咸降大慈，济度群品。凡在含识，皆蒙覆护，所以雕铸灵相，图写真形，率土瞻仰，用申诚敬。其五岳四镇节宣云雨，江河淮海，浸润区域，并生养万物，利益兆人。故建庙立祀，以时恭敬。敢有毁坏偷盗佛及天尊像岳镇海渎神形者，以不道论，沙门坏佛像，道士坏天尊者，以恶逆论。"保护二教，可云周至。唐是老子之后，《唐书·宗室世系表》曰："李氏出自嬴姓，历虞夏商世为大理，以官命族为理氏，至纣之时，逃难食木子得全，遂改理为李氏，家于苦县，至乾，娶益寿氏女婴敷，生耳，字伯阳，一字聃，周平王时为太史。"唐高宗乾封二年，追号老子为太上玄元皇帝。玄宗开元二十五年，始置崇玄学于玄元庙，习《老子》、《庄子》、《文子》、《列子》，立玄学博士，每岁依明经举。二十九年求明《道德经》及《庄》、《列》、《文子》者。于是道家诸子皆号为真经。《唐书·百官志》曰："崇玄署，掌京都诸亲名数，与道士帐籍，齐醮之事。"又云："开元二十四年，道士女冠隶宗正寺。"是直视道士为宗室也。又云："崇玄学曰崇贤馆，博士曰学士，助教曰直学士，置大学士一人，以宰相为之，领两京玄元宫及道院。改天下崇玄学为通道学，博士曰道德博士。未几而罢。”以宰相领道观，开宋人之先矣。唐《六典》卷四云：“凡天下观总一千六百八十七所。每观观主一人，上座一人，监斋一人，共纲统众事。而道士修行有三号，其一曰法师，其二曰威仪师，其三曰律师，其德高思精谓之炼师。”玄宗开元二十九年，始建玄元皇帝庙于各地，画玄元皇帝像，而以高祖、太宗、高宗、中宗、睿宗五像陪祀，杜甫《冬日洛城北谒玄元皇帝庙诗》云：“画手看前辈，吴生远擅场，森罗移地轴，妙绝动宫墙。五圣联龙衮，千官列雁行，冕旒俱秀发，旌旆尽飞扬。”其威仪煊赫可想，吴道子乃当时名画家也。《唐书·玄宗本纪》云：“天宝元年，享玄元皇帝于新庙。二年正月，作升仙宫，加号玄元皇帝曰大圣祖。三月，享于玄元宫。追号大圣祖父周上御大夫敬，曰先天大皇。改西京玄元宫曰太清宫，东宫曰太微宫。”其尊崇已极。唐代公主妃嫔，多入道为女真，受金仙玉真诸封号。朝臣如贺知章之流，亦弃官乞为道士。至唐武宗与宰相李德裕，因奉道之故，遂毁佛教，勒僧尼还俗，乃并摩尼、景教、火教而尽灭之，可谓暴戾之至，然摩尼等派反从此混入道教之内矣。

宋代尊奉道教，以真宗徽宗为盛。宋本赵氏，不能以老子为祖，乃别造一道教之祖，呼曰赵玄朗，而改太上玄元皇帝为太上混元皇帝，改玄圣文宣王（孔子）为至圣文宣王，以避赵玄朗之讳。《宋史·礼志七》云：“大中祥符（真宗年号）元年，正月乙丑，帝谓辅臣曰：‘朕去年十一月二十七日夜将半，方就寝，忽室中光曜，见神人星冠绛衣，告曰：来月三日，宜于正殿建黄箓道场一月，将降天书大中祥符三篇，朕竦然起对，已复无见。’命笔识之。自十二月朔，即斋戒于朝元殿，建道场以伫神贶。适皇城司奏，左承天门屋南角，有黄帛曳鸱尾上，帛长二丈许，缄物如书卷，缠以青缕三道，封处有字隐隐，盖神人所谓天降之书也。王旦等皆再拜称贺，帝即步至承天门瞻望再拜，遣二内臣升屋奉之下，旦跪奉而进，帝再拜受之，亲奉安舆，导至道场。”又云：“帝于大中祥符五年十月，语辅臣曰，朕梦先降神人传玉皇之命云：‘先令汝祖赵某，授汝天书，令再见汝，如唐朝恭奉玄元皇帝。’翼日复梦神人传天尊言，吾坐西，斜设六位以候，是日，即于延恩殿设道场。五鼓一筹，先闻异香，顷之，黄光满殿，蔽灯烛，睹灵仙仪卫，天尊至，朕再拜殿下。俄黄雾起，须臾雾散，由西陛升，见侍从在东陛。天尊就坐，有六人揖天尊而后坐，朕欲拜六人，天尊止令揖。命朕前曰：‘吾人皇九人中一人也，是赵之始祖。’”“闰十月制，九天司命保生天尊，号曰圣祖上灵高道九天司命保生天尊大帝。圣祖母号曰元天大圣后。”此即所谓赵玄朗也（后世之赵玄坛当由此出）。《礼志》又云：“上玉皇大帝圣号，曰太上开天执符御历含真体道玉皇大天帝。”今玉皇大帝之俗称由此起。大中祥符八年，赐信州道士张正随为虚静先生，王钦若为奏立授箓院及上清观（今曰太上清宫，在江西龙虎山上），蠲其田租，自是凡嗣世者皆赐号，即后世江西张天师之始也。此时于京师建玉清昭应宫，会灵观，管以宰相职。各路亦遍置宫观，以侍从诸臣退职者领之，号为祠禄，迄于南宋未改。迨徽宗时而崇奉名色益繁，政和三年，诏求道教仙经于天下。四年置道阶，有先生处士等名。秩比中大夫，至将仕郎，凡二十六级。后又置道官二十六等，有诸殿侍宸，校籍授经，以拟待制、修撰、直阁之名（后改为大夫等名，使与文武官阶同）。六年，赐方士林灵素号通真达灵先生。灵素大言曰：“天有九霄，而神霄为最高，其治曰府。神霄玉清主者，上帝之长子，主南方，号称长生大帝君，陛下是也。既下降于世，其弟号青华帝君者，主东方摄领之，又有仙官八百余名，今蔡京即左元仙伯，王黼即文华使，郑居中童贯等皆有名。”而己即仙卿褚慧下降，佐帝君之治。时刘贵妃方有宠，灵素以为九华玉真安妃。旋从灵素言，立道学，诏太学辟雍，各置《内经》、《道德经》、《庄》、《列》博士二员（以《内经》、《道德经》为大经，《庄》、《列》为小经，升贡及三岁大比，法同科举）。又用蔡京言，集古今道教事为纪志，赐名《道史》。上玉帝尊号曰太上开天执符御历含真体道昊天玉皇上帝，诏天下洞天福地，修建宫观，塑造圣像。寻又上地祇徽号，曰承天效法厚德光大后土皇地祇，上宝册仪礼，一如上帝。又欲尽毁释氏，宣和元年，改佛号大觉金仙，余为仙人大士，僧为德士，易服饰，称姓氏，寺为宫，院为观，改女冠为女道，尼为女德。寻诏德士并许入道学，依道士之法。自称教主道君皇帝，未几而父子悉被金人掳去矣。然而宋人崇奉者仍盛，如北宋大儒周敦颐采无极之谈，邵雍袭《龙图》之《易》（《道藏》、于邵雍之《皇极经世击壤集》皆采入），南宋大儒朱熹，且为《参同契》作注，至于真德秀之流，更无论矣。

第十四章　道教之流传海外

第一节　新罗之花郎

自六朝唐宋时代，道教已传播于海外，其最显著者为朝鲜与日本。《高丽史》云，唐初渊盖苏文（盖苏文本为渊氏，唐人避高祖讳改为泉）为高句丽莫离支，上书国王言，中国有儒、释、道三教，而我国仅有儒、释二教，无道教，教化不完备。应遣使往大唐，请求道经道士，厥后李勣灭高句丽，国王归咎于不应输入道教所致。然新罗崛起辰韩，归附唐朝，亦提倡花郎，混融三教，谓之源花、国花、仙郎、鸾郎。贵族子弟，如金庾信之俦，皆由花郎而为将相，卒至助唐灭百济高句丽，败日本兵，遂统一朝鲜半岛。唐末崔致远撰《鸾郎碑》云："国有玄妙之道曰风流。设教之源，备详仙史，实乃包含三教，其如入则孝，出则弟，鲁司寇之旨也。处无为之事，行不言之教，周柱史之教也。诸恶莫作，众善奉行，竺干太子之意也。"盖新罗以花郎为能禳星御敌，强大其国。今者朝鲜早亡，而遗民尚于上海等处，私结花郎社以图兴复。而花郎又与道教有关，是则道教大有造于高丽之土，明矣。兹摘译日本三品彰英《新罗花郎制度考》如下，以知其始末梗概：

《三国史记·新罗本纪第四》　真兴王三十七年春，始奉源花。

初，君臣病无以知人，欲使类聚群游以观其行仪，然后举而用之。遂简美女二人，一曰南毛，一曰俊贞，聚徒三百余人。二女争妍相妒，俊贞引南毛于私第，强劝酒至醉，曳而投河水以杀之。俊贞伏诛，徒人失和罢散。其后更取美貌男子妆饰之，名花郎以奉之，徒众云集，或相磨以道义，或相悦以歌乐，游娱山水，无远不至。因此知其人邪正，择其善者荐之于朝。

《三国史记·列传第四》 斯多含系出真骨奈密王七世孙。父仇梨知级餐，本高门华胄，风标清秀，志气方正，时人请奉为花郎，不得已为之。其徒无虑一千余人，尽得其欢心。真兴王命伊餐异斯夫袭加罗（一作加耶）国，时斯多含年十五六，请从军。王以幼少，不许其请，勤而志确，遂命为贵禅将，其徒从之者亦众。及抵其国界，请于元帅，领麾下兵先入旃檀梁（城门名，加罗语门为梁），其国人人不意兵猝至，惊动，不能御，大兵乘之，遂灭其国。洎师还，王策功，赐加罗人口三百，受已皆放，无一留者。又赐田，固辞，王强之，请赐阏川不毛之地而已。

《东国通鉴》 新罗真兴王二十七年，白云年十四为国仙，十五而盲。

《东国通鉴》 新罗真兴王元年（法兴王二十七年），新罗选童男容仪端正者，号风月主，求善士为徒，以砺孝悌忠信。

《三国遗事》 真兴王择人家娘子美艳者，捧其原花（又作源花），要聚徒选士。……王又念欲兴邦国，须先风月道。更下令选良家男子有德行者，策为花娘（当作郎）。始奉薛原郎为国仙。为花郎国仙之始，故竖碑于溟州。自此使人悛恶更善，上敬下顺，五常六艺，三师六正，广行于代。

李晬光《芝峰类说》 按：新罗时取美男子妆饰之，使类聚，观其行义，名花郎，时谓郎徒，或谓国仙。如永郎、述郎、南郎，盖亦是类。

圣德王顷，有《花郎世纪》之书，今不传，盖集其时之花郎列传，《三国史记》列传内，当引用之也。

又《新罗本纪》引唐令狐澄《新罗国记》云：择贵人子弟之美者，傅粉妆饰之，名曰花郎，国人皆尊事者也。

三品氏曰：诸书皆记花郎制创于真兴王时，考《三国史记》智证王始定国名王号（四年）及法（十五年）。法兴王始颁律令，制百官公服，朱紫之秩。又始用年号（二十五年）。真兴王始修撰国史（六年）。此三王四五十年间，为输入中国文物及模仿之时期，乃夹入花郎奇妙之制度，可谓不自然之现象。窃意此制非创于真兴，实基于新罗民族社会之旧习惯，其始为女，后改为男，仍着华美之女装，所谓源始花郎，又称源花者，乃本于原始宗教的性质，而即巫觋之流也。

男着女装，古来为巫觋之特色。《太宗实录》"太祖七年戊寅，妖人卜大伏诛，卜服女服为觋"，又《高丽史》九十九《玄德秀传》："有吏执女巫与其夫至，德秀曰：此巫非女，乃男子也。同僚笑曰：非女安得有夫乎？德秀令裸视，果男子也。"此女装有夫之男觋，他民族亦有此奇习。例如罗士（Henry Ling Roth：Natives of Sarawak and British Borneo p. 266）报告："马南格·巴利（Manany Bali，即女装之男觋）之祈祷事盛，故彼等皆易富，且各有一夫。"又夫勒萨（Frazer）谓朱克察（Chukchee）族亦有类此之风习。

朝鲜古来本用女巫，此北亚民族之土俗，属此系统之日本亦然。视男觋宁为阿普那马尔者。往时之母神论，可注意《三国遗事》记新罗时代母神之崇拜甚盛。《东国舆地胜览》所记母神，为数亦多。

研究萨满教之学者马笃库斯论男觋（Medicine Man）与女巫（Medicine Woman），言及其服饰。结论云："最有势力者为 Medicine Man，女性也，而男觋见彼等有效验于信徒，亦因女装（J. L. Maddox：The Medicine Man Ch. III，p. 99）。"夫勒萨曰："女性化之男性神官，于婆罗洲海岸，大牙克族（Sea Dyaks），南西里伯之布鸡族（Bugis），南美洲之阿留兴族（Aleution），及其他印第安土人之间，皆得见之。印度之瓦拉巴（Vallabha）宗派男子，欲获库利希大神之恩惠者，亦蓄发而为女风。彼等祭主摩诃罗阇，亦女装而事神。马达伽斯加事神之男子皆女装，且作女态之舞（Golden Bough）。"观此，古代民族及原始民族间，男子女装之特征，胥有原始宗教的主要素也。日本行祭礼时，男作女装之事，亦不少例。如我之乡里（滋贺县野洲郡小津村）之县社，小津神社之祭礼，亦男子作女装而歌舞。

古代及原始民族间之歌乐舞踊，乃宗教主要之礼仪，此民族学所明言也。《三国志》："马韩常以五月下种讫，祭鬼神，群聚歌舞。"《后汉书》："涉常用十月祭天，昼夜饮酒歌舞，名舞天。辰韩俗喜歌舞，饮酒鼓瑟。"《日本书纪》亦记永恭之死，新罗王遣乐人八十，张种种乐器，自难波至于京，或泣或歌舞，遂参与殡宫，亦宗教之仪也。又花郎之徒月明师，为亡妹营斋，作《乡歌》，祀灵，奇端出现。《三国遗事》记之，且云罗人尚《乡歌》，盖诗颂之类欤。故往往能感动天地鬼神者非一，盖当时承认歌谣有咒的势力也。

《三国遗事》卷五："真平王代，第五居烈郎，第六宾处郎（一作突处郎），第七实同郎，三花之徒，欲游枫岳，有彗星犯心大星，郎徒疑之，欲罢其行。时天师（融天师）作歌。日本兵还国，反成福庆，大王欢喜。遣游岳焉。"歌能退敌，不仅禳词今尚存，为小仓直译。

圆仁《入唐求法巡礼行记》卷二，开成四年八月十五日，在山东记云："十五日，寺家设馎饼食等，作八月十五之节。斯节诸国未有，惟新罗国独有此节。老僧语云：新罗国昔与勃海相战之时，以是日得胜矣，仍作节乐而喜舞，永代相续不息。设百种饮食，歌舞管弦，以昼续夜，三个日便休。今此山院追慕乡国，今日作节。"按此亦新罗旧俗，即"嘉俳"（即乡歌）之日也。渤海当指高句丽，然老僧得之俗传，恐不足信，盖此节当早于此也。

有名之花郎金庾信，领徒众，于中秋之夜，通过大门外，时因彼预言之力，发见高句丽间谍。

花郎之游与山岳信仰有关系，日本《天孙本纪》："饶速日命神去时，处其神尸，日七夜七，以为游乐。"《古事记》："天稚产命死去时，日八日，夜八夜，以游也。"汉字之用法，由朝鲜传于日本可知也。金庾信为花郎时代，修业于月生山之石窟，咽薄山之深睿、奈林、穴礼、骨火之山神，为彼之守护神。

花郎本称女装青年，后代以之称巫觋游女。《大明律》："凡师巫"译为"凡博士、巫女、花郎"，《匹言觉非》："花郎者，新罗贵游之名也。今以巫夫倡优之贱谓之花郎，非矣，非矣。意者，花郎服装炫丽，而今之倡夫，亦服装炫丽，故冒是名欤。"《巫俗考》："我南道之俗，谓男巫为花郎，而西北两道，以花郎为贱倡游女别称。例如骂人之辞曰，你这小贱妇花郎之子息。"《李朝实录》："有男人号称花郎者，售其诳诈之术，渔取财货，略同女巫。""成化十八年，刑曹受教曰：'花郎游女等，令所官纠摘。'"（按自高丽王氏时代，花郎遂降为使女之称，迄于明代朝鲜李氏时尚然。）

新罗之花郎为女装之美男子，能歌舞，有巫觋之质，后世以花郎之名，称美服之男觋及以歌舞为职之游女，此其沿革也。由巫女而游女，而游艺人，其本末在日本亦可征，乃自然之过程。

花郎制为若者（日本少年之称）修养集会，徒众云集，相磨以道义者也。新罗金庾信之为花郎，时人洽然服从，号龙萃香徒。其修养内容，《三国遗事》云："悛恶更善，上敬下顺，五常六艺，三师六正。"亦有尊武勇武立战功者，则彼等当有肉体的训练也。故此集会中，多出国家有为之士，传为美谈。（按金庾信后为新罗宰相，率师从唐兵灭高句丽百济，败日本援兵，有大功。文学亦佳，观其名庾信，可知。）

金大问《花郎世记》，收录花郎之美谈逸话。今已无传。今于他书窥之，花郎之徒，特重武勇与气谊，不蹈卑怯。《三国史记·花郎斯多含传》："含始与武官郎约为死友，武官病卒，哭之恸甚，七日亦卒，时年十七岁。"彼征加罗有功，辞禄不受，以寡欲为德。（按加罗本属新罗，为日本所夺，置镇将，谓之日本府。然新罗抵抗百余年，卒恢复之。）

第三十二代孝昭王时，竹曼郎（一云竹旨郎）之徒，有得乌（一云谷）级千（官名），隶名于《风流黄卷》（花郎及其徒名册），……随例赴役，郎将酒饼享之，请假于其主益宣，欲偕还，益宣固禁不许。时有使吏，美郎之重士风，助请，犹不许。朝廷花主（亦作花王，为诸花郎之主），闻之，遣使取益宣，益宣逃。此竹旨为金庾信副将，可见能爱其众徒也。得乌（谷）感其恩，于竹旨郎之死，作哀歌以呼彼之灵。

孝昭王奉大玄萨餐之子夫礼郎为国仙（花郎别称），珠履千徒，亲安常（花郎之徒也）尤甚。天授四年（长寿二年），癸巳暮春之月，领徒游金兰，到北溟之境，被狄贼（指女真）所掠而去。门客皆失措，而独安常迹之。

《三国遗事》“白云年十四为国仙（花郎别称），十五而盲，所聘女为父母改嫁，女潜从白云遁山谷，忽遇侠客劫女而走，白云之徒金阐（亦花郎之徒）多勇力，善骑射，追侠客杀之，夺女还。新罗王曰：三人信义可尚，各赐爵。”（《东国通鉴》卷五）

花郎之情厚，不独于其徒，即于外人亦有助弱挫强之义侠。有孝女卖身养母者，花郎孝宗郎领徒众远游，哀之，请于父母，赠粟百石，孝女复为良民。众徒几千人，各粟一石以赠（《三国史记》四十八）。孝宗郎为第三宰相舒发翰仁庆之子（真兴王时代）。

建福四十四年丁亥，宫中诸舍人盗谷分之，剑君（花郎之徒）独不受。舍人欲益之，剑君曰：仆编名于近郎之徒，修行于风月之庭。苟非其义，虽千金之利不动心焉。时大日伊餐之子为花郎，号近郎，故云尔。舍人谋杀剑君，剑君知之，辞于郎。郎使言于有司，对曰：畏己死，使众人入罪，情不忍。曰：然则盍逃乎？曰：彼曲我直，而反自逃，非丈夫也。遂往，舍人置毒食中。剑君知而强食，乃死（《三国史记·列国第八》）。此剑君可谓大死，其气概使花郎之徒，皆为尽忠报国之死也。

花郎为国家制定之青年修养集会，彼等之道义，为社会师表。且为良家贵骨（独言贵族）之出身。此之集会，于社会，于国家，均有大权威。兹表示花郎出身如下：

金膺廉	僖康王孙	（《三国史记》、《三国遗事》）
宝吒徒太子	净神大王太子	（《三国遗事》）
孝明太子	同	（同）
斯多含	真骨（谓王族）奈密王七世孙	（《三国史记》）
金庾信	加罗王族。母立宗葛文王孙女	（《三国史记》、《三国遗事》）
孝宗郎	舒发翰（第一等官）仁庆守之子	（同在真兴王后百济甄营叛乱之时）

金令胤	钦春角干(同)之孙	(《三国史记》)
官昌	新罗新军品之子	(同)
近郎	大日伊餐之子	(同)
夫礼郎	大玄萨餐之子	(《三国遗事》)
白云	某达官之子	(《东国通鉴》)

据《三国史记·职官》,第五等官以上,惟授有真骨之世系者,上表花郎殆皆真骨家系出身者也。

花郎年龄,大体在十五岁前后。如白云十四岁。斯多含十六岁。金庾信十五岁,或十八岁。金膺廉十五岁,或十八岁。官昌十六岁(过此则授任为文武职官矣)。此之十五岁,与日本若者(少年之义)制度之仲间入(谓在少年之列),及太平洋诸岛土民所谓成人式之年龄相同。在社会上,认为成人之年龄也。

女装少年花郎之游娱,得相应之山水后,遂成仙境。四仙传说最有名之三日浦(在海金刚),有四仙亭,有述郎徒南石行之丹书(今不见)。李穀(高丽忠肃王时)《东游记》(在至正九年,一三〇四年)云:"所谓四仙峰者,离立峭拔,临东溟万里,对西岭千重,实关东壮观也。旧有碑在崖上,今不见。又东峰有古碣,剥落磨灭,无一字可识,不知何代所立也。人言新罗时,有永郎述郎(缺)四仙童者,与其徒三千人游于海上,此碑碣岂其徒所立者耶。……三日浦登舟至小屿,穹窿一巨石也,其崖东北面有六字丹书曰:'述郎徒南石行',下二字为舟人断去。……登四仙亭亦湖中一岛也。三十六峰影倒湖中,湖可百顷,人言此湖(即三日浦)为四仙所游。三十六峰,峰峰有碑,胡宗旦皆取而沉之,今其趺犹存焉。胡宗旦者,李昇唐(南唐)之人也。来任本国,出巡五道,所至辄将碑碣或刮去其字,或碎或沉。至于钟磬有名者,或镕铁塞之,使之不声。

若寒松丛石亭三日浦之碑，鸡林府奉德之钟之类，可见也。……泛舟永郎湖……于镜浦上，镜浦台有古仙石灶，盖煎茶具也。与三日浦相甲己，而明远则过之。……观文殊堂有四仙碑，为胡宗旦所沉，惟龟趺在耳。饮饯于寒松亭，亭亦四仙所游之地，郡人厌游赏者，多撤去屋，松亦为野火所烧。惟石灶石池二石井在其旁，亦四仙茶具也……平海郡未至五里有松万株，其中有亭曰越松，四仙之游，假道于此，故名焉。"

《三国遗事》(二惠同尘)　"释惠宿属花郎好世郎之徒。……惠宿谏花郎瞿昷公之好猎，谓非我徒所当为。"盖尊重万物之生命，任其自然，不加伤害，亦道教思想之片影也。

第二节　日本之山伏

至于日本，受中国道教之影响，则黄遵宪《日本国志》已能言之。大意谓：日本天照大神传三种神器于子孙，一、八尺镜，二、丛云剑，三、八坂琼曲玉。镜与剑皆道教所必需，为证道驱邪之具，而曲玉则玦之类，亦中国古玉器。其说不无可采，盖秦时方士徐福率童男女及百工求仙蓬莱，遂至日本之九州，不复还中国，今九州尚有徐福墓、徐福祠。而日本第一代人王，后世追称为神武天皇者，亦出自九州之日向，东征取大倭之饶速日命而代之。日本津田左右吉《天皇考》云：天皇两字，乃汉语。国语(日本语)所无，国语称スメラミコト，此字旧但译为命(意为御言)，不译为天皇。称天皇自隋代推古始(见《东洋学报》第十卷)。此说与《日本史》推古致隋帝书自称东天皇，及《隋书》记日本王自称日出处天子相合。其用天皇之名称，实本于道经。《史记·秦始皇本纪》及《天官书》有天皇大王，《楚辞·远游篇》王逸注，以旬始为天皇名，汉镜有天王日月镜，道书有元始天王，又有天皇，即扶桑大帝东王公，皆为日本用天皇两字所本，其含有神仙之意味可无疑也。且不仅此也，《魏书·释老志》列举太古神仙之名，有"无极至尊，大至真尊，天覆地载阴阳真尊，洪正真尊"等，与日本《神代记》所谓造化三神者，首天御中主尊，次高皇产灵尊，次神皇产灵尊（尊亦作神，如天照大神亦称大日灵贵尊）。其他在《神代记》中号为尊者甚众（如伊弉诺尊、伊弉册尊、素盏鸣尊之类），岂非袭用道经之明证耶！即其记祭天照大神，悬八尺镜于贤木，饰八尺琼于窟前，亦犹道士祭神之仪也。

以上所说，皆未到明言直接承受道教之事，此固彼邦之态度也。其为显示受道教之流派者，为日本之山伏，即隐伏山中修道之人，彼邦又谓之修验道者也。故更摘译小柳司气太《东洋思想之研究》所题《论道教真言密教之关系及修验道》于次：

彼于此篇中第五有本邦（日本）之道教一段，又在前一段中叙及日本帝室亦有北斗星之信仰，引《大日本史·后三条帝记》云："帝曰：'月必一拜，非敢祈践祚，而有时或念即位，自萌此念萌于不忠，因拜之悔过。'"又《朝野群载》亦有原文焉。在推古时，圣德太子《维摩经疏》卷中，已引《老子》"五色令人目盲"之文。于养老（日本年号）年间，亦于文人之对策，亦论道佛二教之优劣长短（见《经国集》葛井广成、下野虫麿文），而朝廷亦讲《庄子》。在《续日本后记》卷十七，承和十四年（西元八九七年），召春澄宿祢善绳，开其竟宴，亦可明了。而神仙之术，为日本人所知，如山上忆良（七三三年没）以《抱朴子》为主题而咏歌（《万叶集》卷五《沉痾自哀文》）。弘法大师于延历十六年（七九七年）著《三教指挥》，借虚亡隐士之口，述道教曰：“白术黄精，松脂谷实之类，以除内痾，蓬矢苇戟神符咒禁之族，以防外难，呼吸候时，缓急随节，扣天门以饮醴泉，掘地府以服玉石，草芝肉芝，以慰朝饥，伏苓威喜，以充夕惫……又有白金黄金，乾坤至精，神丹炼丹，药中灵物，服饵有方，合造有术，一家得成，合门凌空，一铢才服，白日升汉。”又前记之春澄善绳有“问神仙”之策问，收入《本朝文粹》卷三，已见于《道教概说》。日本本来已受神仙说之影响，如浦岛太郎等传说皆是。道教传入日本以后，自修之人益多如金刚寺僧之逸话（《十训抄》卷七）可知。又如大江匡房（一一一一年没）著《神仙传》，及元享二年（一三二二年）之《元享释书》，亦设神仙一目。中世以后，因神道之发达，遂本道教之教理，组织其神学焉。传名者，有北昌亲房之《元元集》，度会家行之《类聚神祇本源》等，集大成者为卜部兼俱之“吉田神道”。据其所谓《唯一神道名法要集》云：有三种神道，最高者为“元本宗元神道”，大要本于道教之教理，助之以密教者也。造作《天元神变神妙经》、《地元神道神妙经》、《人元神力神妙经》，凡三部隐幽经。谓为天儿屋根命之神启，北斗七星写之，以传于人界。至于老庄之虚无清静，平田笃胤等主张古神道时，以为与其“不言之道”同为一体，大赏扬之。此皆就日本知识界所受道教影响而言之者也。

至于修验道，则以道教与密教合为日本化，创立者为役小角。《日本灵异记》谓役小角修《孔雀法》。《孔雀法》乃密教，为传教弘法两大师传来，在小角百年之后，故其说不确。今日本《大藏经》之修验道章疏，及国书刊行会之《信仰丛书》等，谓小角由龙树菩萨传授，与密教根源同一。祈祷之时，使用魅女者也。今更就日本所受道教之点，述一二于此：

一、祈祷所用镜　镜已记于《抱朴子》等书，欲看破恶魔（妖怪）之本体，为有力之器具。

二、九字之诀　此九字，见《抱朴子·内篇·登涉篇》云：“临兵斗者，皆列前行”九字（译者按：只有八字，查《抱朴子》原书，列上有阵字），先举两手空中，横引四本之线，次纵引九本之线，叩齿三十六回，念此九字，即免一切灾害，得脱危难。由此九字更行十字，见《贞文杂记》十六（译者按：今《抱朴子·登涉篇》查无此文）。

三、灵符　《镇宅灵符缘起图说》揭十二种符，带之则得长寿无病福禄。亦抱朴子等所唱。

修验道之本体，备见小野僧正之《修验最胜慧方三昧法玄深口诀》，尊海之《修验常用秘法集》，日荣之《修验故事便览》，莲觉之《修验要秘诀》等，皆不赘。此惟述其与道教有关者。

译者按：小柳司所说日本所受道教之影响，如鬼神、符咒、祈祷禁咒之术，尚皆未及，实则唐宋时代，日本民间盛行，亦有记载。我国近亦有译载于各杂志者。本编为字数所限，不能复译，聊省篇幅。惟有一滑稽之记录，姑译于下：

狩野直喜《支那学文薮》道教之道德云：美洲人凯尔斯译《太上感应篇》三尸处人身中，希望人死伺其人行为，以庚申日离人身而上奏天帝，故支那风俗有守庚申，于是晚非常留神，不饮酒，不游戏，静坐以防其出。日本亦有之，谓之庚申待，有书曰《庚申秘录》，云系日僧智证大师入唐传来者。然日本之庚申待，则皆于其时饮酒，且为种种游戏，大异于中国之守庚申。朝鲜亦有此风俗，亦与日本同，于其日为歌舞音曲。

元白诗笺证稿	陈寅恪
上古音研究	李方桂
从诗到曲（上、下）	郑　骞
训诂学概论	齐佩瑢
唐代进士行卷与文学 古诗考索	程千帆
南朝文学与北朝文学研究	曹道衡
先秦政治思想史	梁启超
中国史学通论	朱希祖
隋唐史	岑仲勉
中国地理学史（先秦至明代）	王成组
中国妇女生活史	陈东原
基督教与中国文化	吴雷川
中国天主教传教史概论	徐宗泽
道教史	许地山
论道	金岳霖
文化与人生	贺　麟
寄簃文存	沈家本
中国婚姻史	陈顾远
中国法律在东亚诸国之影响	杨鸿烈
孔门理财学	陈焕章
上海工业化研究	刘大钧
乡村建设理论	梁漱溟
中国经济原论	王亚南
金翼	林耀华
幼稚园教材研究　幼稚教育新论	张雪门
近代中国留学史 近代中国教育思想史	舒新城
THE ECONOMIC PRINCIPLES OF CONFUCIUS AND HIS SCHOOL	Chen Huan-chang
孔门理财学	陈焕章
THE GROWTH AND INDUSTRIALIZATION OF SHANGHAI	D. K. Lieu
上海工业化研究	刘大钧
THE FINANCING OF PUBLIC EDUCATION IN CHINA	Ronald Yu Soong Cheng
中国教育财政之改进	陈友松

【第六辑　四十种】

齐如山国剧论丛	齐如山
先秦文学 中国文学史讲义	游国恩
中国文学批评史（全二册）	罗根泽
中国文学发展史（全二卷）	刘大杰
宋元明讲唱文学	叶德均
晚照楼论文集	马茂元
汉书窥管	杨树达
欧化东渐史	张星烺
西域史地考古论集	黄文弼
中国疆域沿革史	顾颉刚　史念海
先秦诸子系年	钱　穆
古器物中的古代文化制度	徐中舒
中国社会之史的分析 （外一种：婚姻与家族）	陶希圣
唐代长安与西域文明	向　达
古代神话与民族	丁　山
小屯、龙山与仰韶	梁思永
中国史纲	张荫麟
岳飞传	邓广铭
胡惟庸党案考	吴　晗
等不等观杂录	杨文会
欧阳竟无内外学	欧阳竟无
中国佛教史	蒋维乔

中国宗教思想史大纲	王治心
理学纲要	吕思勉
汉魏两晋南北朝佛教史	汤用彤
两汉经学今古文平议	钱　穆
墨学源流	方授楚
中国哲学大纲	张岱年
中国伶人血缘之研究 明清两代嘉兴的望族	潘光旦
中国乡约制度	杨开道
藏族宗教史之实地研究	李安宅
中国封建社会	瞿同祖
法律教育	孙晓楼
财政学总论	陈启修
社会主义经济论稿	孙冶方
变态心理学派别	朱光潜
旧石器时代之艺术	裴文中
中国教育财政之改进	陈友松
THE SYSTEM OF TAXATION IN CHINA IN THE TSING DYNASTY, 1644-1911	Shao-kwan Chen
清代中国的税收制度(1644-1911)	陈兆鲲
VILLAGE AND TOWN LIFE IN CHINA	L.K.Tao, Y.K.Leong
中国的乡村与城镇生活	陶孟和　梁宇皋

【第七辑　三十种】

世界文学史大纲	吴　宓
唐声诗(上、下)	任中敏
词学探微	唐圭璋
冰茧庵文史丛稿	缪　钺
屈赋新探	汤炳正
中西交通史(上、下)	方　豪
中国古代社会史论	侯外庐
中国古代史籍校读法 中国古代史籍举要	张舜徽
魏晋南北朝史论集	周一良
西域史地文物丛考	马　雍
邓以蛰论美学与艺术	邓以蛰
魏晋玄学论稿	汤用彤
中国文化要义	梁漱溟
政治学概论	李剑农
中国御史制度的沿革 中国内阁制度的沿革	高一涵
社会进化史	蔡和森
中国法律思想史	杨鸿烈
货币与银行	杨端六
财务行政论	胡善恒
所得税发达史	朱　偰
农业与工业化	张培刚
江村经济——中国农民的生活	费孝通
职业教育论	黄炎培
家庭教育	陈鹤琴
中国绘画史	潘天寿
中国数学大纲(上、下)	李　俨
中国数学史	钱宝琮
心理学史论丛	高觉敷
意识——心理学的研究	潘　菽
心理学与遗传	郭任远

【第八辑　四十种】

汉书艺文志讲疏	顾　实
十四朝文学要略	刘永济

第三节　真腊之八思及其他

道教之传于东洋者，已述于前。其传于南洋者，亦必有之。盖唐宋以来，华人之往南洋各地者日盛，道教随之而往，亦必然之理也。顾诸书皆未有纪载。惟《隋书·真腊传》云："其丧葬……僧尼道士亲故皆来聚会"，"多奉佛法，尤信道士，佛及道士并立像于馆"。宋赵汝适《诸蕃志·真腊国》云："其僧道咒法灵甚。……道士以木叶为衣，有神曰婆多利，祠祭甚谨。"《明史·真腊传》云："其地谓儒为班诘，僧为苧姑，道为八思。"元周达观《真腊风土记》有三教一条云："为儒者呼为班诘，为僧者呼为苧姑，为道者呼为八思维。"此即《明史》所本。或云：班诘即 pandita，苧姑即 chauku，亦不知确否？八思或八思维则无解。《风土记》又云："八思维正如常人，打布以外，但于头上戴一红布或白布，如鞑靼娘子罟姑之状而略低。亦有宫观，但比之寺院较狭。而道教者亦不如僧教之盛耳。所供无别像，但止一块石，如中国社坛中之石耳，亦不知其何所祖也。却有女道士，宫观亦得用瓦。八思维不食他人之食，亦不令人见食，亦不饮酒，不曾见其诵经及与人功果之事。"所可知者，惟此而已。

其他欧美人亦有研究道教者，且翻译道书如《太上感应篇》、《常清静经》、《玉枢真经》、《日用经》等。

第十五章　道教经典之编纂与焚毁

第一节　《汉书·艺文志》

因方士之各种方术，其后悉包容于道教，故后世道教裒集之书，驳杂乃不可伦。试以《汉书·艺文志》所记，稽之《道藏》所收者，略较于次：

《汉书·艺文志》：《伊尹》五十一篇　《太公》二百三十七篇　《谋》八十一篇　《言》七十一篇　《兵》八十五篇　《辛甲》二十九篇　《鬻子》二十二篇　《筦子》八十六篇　《老子邻氏经传》四篇　《老子傅氏经说》三十七篇　《老子徐氏经说》六篇　《刘向说老子》四篇　《文子》九篇　《蜎子》十三篇　《关尹子》九篇　《庄子》五十二篇　《列子》八篇　《老成子》十八篇　《长卢子》九篇　《王狄子》一篇　《公子牟》四篇　《田子》二十五篇　《老莱子》十六篇　《黔娄子》四篇　《宫孙子》二篇　《鹖冠子》一篇　《周训》十四篇　《黄帝四经》四篇　《黄帝铭》六篇　《黄帝君臣》十篇　《杂黄帝》五十八篇　《力牧》二十二篇　《孙子》十六篇　《捷子》二篇　《曹羽》二篇　《郎中婴齐》十二篇　《臣君子》二篇　《郑长者》一篇　《楚子》三篇　《道家言》二篇

上道三十七家九百九十三篇。

“道家者流，盖出于史官，历记成败存亡祸福古今之道，然后知秉要执本，清虚以自守，卑弱以自持，此君人南面之术也。合于尧之克攘，《易》之嗛嗛一谦而四益，此其所长也。及放者为之则欲绝去礼学，兼弃仁义，曰：独任清虚，可以为治。”

以上皆道家之说，其被收入于道教书中也固属当然。且如老庄列诸子，唐代皆尊为真经，乃至《亢仓关尹》之流，亦皆以真经奉之，固视为道教之根本矣。

《容成阴道》二十六卷　《务成子阴道》三十六卷　《尧舜阴道》二十三卷　《汤盘庚阴道》二十卷　《天老杂子阴道》二十五卷　《天一阴道》二十四卷　《黄帝三王养阴方》二十卷　《三家内房有子方》十七卷

上房中八家百八十六卷。

房中者，情性之极，至道之际，是以圣王制外乐以禁内情，而为之节文。传曰：“先王之作乐，所以节百事也”，乐而有节则和平寿考，及迷者弗顾，以生疾而陨性命。

《宓戏杂子道》二十篇　《上圣杂子道》二十六卷　《道要杂子》十八卷　《黄帝杂子步引》十二卷　《黄帝岐伯按摩》十卷　《黄帝杂子芝菌》十八卷　《黄帝杂子十九家方》二十一卷　《泰壹杂子十五家方》二十二卷　《神农杂子技道》二十三卷　《泰壹杂子黄冶》三十一卷

上神仙十家二百五卷。

神仙者，所以保性命之真，而游求其外者也。聊以荡意平心同死生之域，而无忧惕于胸中。然而或者专以为务，则诞欺怪迂之文，弥以益多，非圣王之所以教也。孔子曰：“索隐行怪，后世有述焉，吾不为之矣。”

以上所列《汉书·艺文志》，仅道家、房中、神仙三家，除已亡佚外，皆为后世道书所必收。且《道藏》之中，于此《艺文志》三家之外，若诸子中名、法、墨、兵、农诸家，与占星、阴阳、五行、杂占卜、医经、医方，凡属数术方伎诸家之书，莫不收入，以及地形之《山海经》等，亦不能舍之，《淮南》之类更无论矣。至于儒家之《周易》，更为道教所奉为瑰宝，盖道教修养之术，尤必借《易》说以宣传焉。甚如扬雄之《太玄经》，亦为道教囊中物。而兵家阴谋，尤为道士所利用，唐道士李筌，遂自造《黄帝阴符经》，后人推为阐道教之秘奥，包容诸子，为百家之渊泉，而后世之藉道书以称兵者，则以托于黄帝风后之钤机，红巾白莲之徒，更自言有翦草为马，撒豆成兵之道术，何莫非由方士而出耶。

第二节　道教经典之编纂

自道教倡行以来，经典日多，《汉书·艺文志》所载道家及方伎之书，以次包括于道教之内。最先者为《太平经》。晋以来道经已甚繁，如《抱朴子·遐览篇》所载：道经有《三皇内文》，《天文》，《元文》，《混成经》，《玄录》，《九生经》，《二十四生经》，《九仙经》，《灵卜仙经》，《二化经》，《九变经》，《老君玉历真经》，《墨子枕中五行记》，《温宝经》，《息民经》，《自然经》，《阴阳经》，《养生书》，《太平经》，《九敬（一作都）经》，《甲乙经》，《青龙经》，《中黄经》，《太清经》，《通明经》，《按摩经》，《道引经》，《元阳子经》，《玄女经》，《素女经》，《彭祖经》，《陈赦经》，《子都经》，《张虚经》，《天门子经》，《容成经》，《入山经》，《内宝经》，《四规经》，《明镜经》，《日月临镜经》,《五言经》,《柱中经》,《灵宝皇子心经》,《龙跷经》,《正机经》,《平衡经》,《飞龟振经》,《鹿卢跷经》,《蹈形记》,《五岳经》,《阴守记》,《虚元经》,《牵牛中经》,《玉弥记》,《腊成记》,《六安记》,《鹤鸣记》,《平都记》,《定心记》,《龟文经》,《山阳记》,《玉策记》,《入室经》,《左右契玉历经》,《升天仪九奇经》,《更生经》,《四枠经》,《食日月精经》,《食六气经》,《丹一经》,《胎息经》,《行气治病经》,《胜中经》,《百守摄提经》,《丹壶经》,《岷山经》,《魏伯阳内经》,《日月厨食经》,《步三罡六纪经》,《入军经》,《六阴玉女经》,《四君要用经》,《金雁经》,《三十六水经》,《白虎七变经》,《道家地行经》,《黄白要经》,《八公黄白经》,《天师神器经》,《枕中黄白经》,《白(一作帛)子变化经》,《移灾经》,《压祸经》,《中黄经》,《文人经》,《涓子天地人经》,《崔文子肘后经》,《神光(一作仙)占方来经》,《水仙经》,《尸解经》,《中遁经》,《李君包天经》,《包元经》,《黄庭经》,《渊体经》,《太素经》,《华盖经》,《行厨经》,《微言》,《内视经》,《文始先生经》,《历藏延年经》,《南阔(一作阙)记》,《协龙子记》,《九宫三五中经》,《宣常经》,《节解经》,《邹阳子经》,《玄洞经》,《玄示经》,《箕山经》,《鹿台经》,《小僮经》,《河洛内记》,《举形道(一作通)成经》,《道机经》,《见鬼记》,《无极经》,《宫氏经》,《真人玉胎经》,《道根经》,《反胎胞经》,《枕中清记》,《幻化经》,《询化经》,《金华山经》,《凤网经》,《召命经》,《保神记》,《鬼谷经》,《凌霄子安神记》,《去丘子黄山公记》,《玉子五行要真经》,《小饵经》,《鸿宝经》,《邹生延命经》,《安魂记》,《皇道经》,《九阴经》,《杂集书录银函玉匮记》,《金板经》,《黄老仙录》,《原都经》,《玄元经》,《日精经》,《浑成经》,《三尸集呼身神治百病经》,《收山鬼老魅治邪精经》,《入五毒中记》,《休粮经》

等。以及诸图诸符,不可胜记。《隋书·经籍志》称道书有经戒三百一部九百八卷,饵服四十六部一百六十七卷,房中十三部三十八卷,符箓十七部一百三卷,共三百七十七部一千二百一十六卷。而《道藏》亦出现于世。宋张君房《云笈七签》序云:"尽得所降到道书,并续取到苏州旧道藏经本千余卷,越州、台州旧道藏经本亦各千余卷,及朝廷续降到福建等州道书,《明使摩尼经》等。与诸道士依三洞纲条,四部录略,品详科格,商较异同,以铨次之。仅能成藏,都卢四千五百六十五卷,起千字文天字为函目,终于宫字号,得四百六十六字,且题曰《大宋天宫宝藏》。距天禧三年春写录成七藏。"而宋郑樵《通志·艺文略》更详为分类,计有《老子》、《庄子》、诸子、《阴符经》、《黄庭经》、《参同契》、目录、传、记、论、书、经、科仪、符箓、吐纳、胎息、内视、道引、辟谷、内丹、外丹、金石药、服饵、房中、修养。计《老子》九十部二百九十卷,《庄子》四十九部五百一十六卷,诸子四十六部二百九十四卷,《阴符经》三十九部五十四卷,《黄庭经》三十部五十七卷,《参同契》一十九部三十一卷,目录十一部一百四十四卷,传一百三部四百四卷,记三十二部九十三卷,论五十八部一百五十一卷,书四十四部四百五十二卷,经八十五部一百八十六卷,科仪五十四部七十八卷,符箓一百三部一百五十九卷,吐纳七十四部九十四卷,胎息三十部三十九卷,内视二十三部二十五卷,道引二十部二十二卷,辟谷八部八卷,内丹四十部四十四卷,外丹二百三部三百一十卷,金石药三十一部三十五卷,服饵四十八部八十六卷,房中九部十八卷,修养七十四部一百一十八卷。凡道类二十五种一千三百二十三部三千七百六卷。可谓盛矣。盖《道藏》之刊布,欲与佛藏竞争,如《云笈七签》所言,虽《明使摩尼教经》,亦不惮收罗入之,故见其多耳。

第三节　元代之焚经

当时道教既受元朝之优待，又命管理“天下应有的出家人”，则其权势之重可知，故僧祥迈撰至元《辩伪录》卷四云：“独免丘公门人科役，不及僧人及余道众，古无体例之事，恣欲施行。”“回至宣德等州，屈僧人迎拜，后至燕城，左右鼓奖，恃力侵占，使道徒王伯平驺从数十，悬牌出入，驰跃诸州，便欲通管僧尼。”“毁夫子庙，毁佛像，占梵刹四百八十二所”，则其专横可知也。长春殁后，元朝始命人分掌二教，《元史·宪宗纪》：“元年，以僧海云掌释教事，以道士李真常（按李志常号真常子，此是志常之讹）掌道教事。次年又以西域僧那摩为国师，总天下释教。”释教既有奥援，由是与道教争端遂起。先是元朝对于诸教，悉皆容纳，常于帝前开会辩论。西元一二五四年（宪宗四年）五月三十日（阳历），基督教师卢布鲁克（Rubruck），曾在和林共景教师一人，回教师一人，合驳道人（tuin-sn）〔即蒙古语之 doin 僧也〕，主张一神之说。次日蒙古汗（Man-gu）〔宪宗〕告卢曰：“吾人惟信一神，神予人多道，亦犹予人手多指。”此语与《辩伪录》卷四所记“帝时举手而谕之曰：譬如五指皆从掌出，佛门如掌，余皆如指”之说相类。宪宗五年，又召少林长老及道士李志常于大内万安阁下辩论，志常词屈，由是降诏，禁止毁坏佛像，并伪造经文。至世祖记降诏云：“长生天气力里，大福荫护助里，皇帝圣旨：道与中书省，枢密院，御史台，随路宣慰司，按察司，达鲁花赤，管民官，管军站人匠等官，并众先生（元代称道士为先生）每，在前蒙哥皇帝（即宪忠）圣旨里，戊午年，和尚先生每折证佛法，先生每输了底上头，教十七个先生剃头做了和尚，更将先生每说谎做来的《化胡》等经，并印板，都烧毁了者。随路观院里画着底，石碑上镌着底，《八十一化图》，尽行烧毁坏了者。么道来。如今都功德使司奏，随路先生每将合毁底经文并印板，至今藏着，却不曾毁了。更保定真定太原平阳河中府王祖师庵头，关西等处，有《道藏》经板。这般奏的上头，教张平章，张右丞，焦尚书，泉总统，忽都于思，翰林院众学士，中书省客省使部（按《辩伪录》卷六及本文后，皆有中书省客省使都鲁，此处似脱鲁字），中书省宣使苦速丁渊，僧录真藏，僧判，众讲主，长老等。张天师（宗演）、祁真人（志诚）、李真人（德和）、杜真人（福春）众先生每，一同于长春宫内分拣去来。如今张平章等众人每回奏：'这先生家藏经，除《道德经》是老君真宝经旨，其余皆后人造作演说，多有诋毁释教，偷窃佛语。更有收入阴阳医药诸子等书，往往改易名号，传注讹舛，失其本真。伪造符咒，妄言佩之令人商贾倍利，夫妻和合有如鸳鸯，子嗣蕃息，男寿女贞。诳惑万民，非止一端，意欲贪图财利，诱说妻女。至有教人非妄，佩符在臂，男为君相，女为后妃，入水不溺，入火不焚，刀剑不能伤害等。及令张天师、祁真人、李真人、杜真人试之于火，皆求哀请命，自称伪妄，不敢试验。今议得除老子《道德经》外，随路但有《道藏》说谎经文，并印板，尽宜焚去。'又据祁真人、李真人、杜真人等奏告：'据《道藏》经内，除老子《道德经》外，俱系后人捏合不实文字，情愿尽行烧毁了，俺也干净。'准奏，今后先生每依着老子《道德经》里行者。如有爱佛经底，做和尚去者。若不为僧道，娶妻为民者。除《道德经》外，说谎做来的《道藏》经文，并印板，尽行烧毁了者。今差诸路释教泉总统，中书省客省使都鲁前去。听旨到日，不问是何官吏、先生、道姑、秀才（指儒生）军民人匠、鹰房打捕，诸色人等，应有收藏道家一切经文，本处达鲁花赤管民官，添气力用心拘刷，见数分付与差去官眼同焚毁。更观院里画着的、石碑上镌着的《八十一化图》，尽行除毁了者。自宣谕已后，如有随处隐匿道家一切说谎捏合，谤释教，偷窃佛言，窥图财利，诱说妻女，如此诳惑百姓符咒文字，及道家大小诸般经文。若所在官司不添气力拘刷，与隐藏之人一体要罪过者外。民间诸子医药等文书，自有板本，不在禁限。准此。至元十八年十月二十日。”盖自喇嘛教为元代尊奉，世祖赐号教主八思巴为皇天之下、一人之上、宣文辅治、大圣至德、普觉真智、佑国如意、大宝法王、西天佛子、大元帝师，而僧徒势焰大盛，遂有焚经退寺之举。《道藏》中所有《老子化胡经》之类，悉行焚毁，而道士之气亦不扬矣。

第十六章　道教之分派

自道教极盛，而宗派之分以起，皆始于辽金之世。南宗起于辽刘海蟾，北宗起于金王嚞。南宗先修性，北宗先修命，性即神，命即气，性谓真我，命乃寿命。（但清初刘献廷《广阳杂记》卷三云："道家有南北二宗，南宗不言性，北宗则曰性命双修。"又日本小柳司气太云："征之于现今，北方纯阳派（即全真教）者性宗，而南方天师道者命宗也。性宗先了心性，命宗主祈祷巫祝。"正与王录相反。）北宗全真教祖重阳子王嚞，其设教，先使人读《孝经》及老子《道德经》，以修孝谨纯一之德。临没前语弟子马丹阳曰："学道无他，在于养气，心液下降，肾气上腾，至脾元，氤氲不散，则丹聚矣。肺与肝为往来之路，习静既久，当自知之。"此即修命之说。后世有《性命圭旨》等书，则主张性命双修者也。或云："南宗主性，北宗主命，主性者由服食炼养，保啬吾人之真性，所谓自力派也。主命者，由符咒科教而得延命，所谓他力派也。"然与近今适相反矣。刘海蟾名操，辽进士，后为吕纯阳弟子。《陕西通志》则云："刘海蟾，后梁陕西人，名哲，字元英，号海蟾子，事燕王刘守光为相，喜黄老之学。一日，有道人自称真阳子来谒，假事设譬，海蟾大悟，遁迹终南山下，丹成，化鹤飞去。"此则时代有误也。王嚞，一作寿，金咸阳人，号重阳子，世称重阳真人，性倜傥尚义，不拘小节，遇异人得道，大定初，东游海上，栖息登州府城南修真观，马丹阳、丘长春、王玉阳、谭处端皆其弟子。至元代而又有三派之分别。《元史·释老志》云:“正一天师者,始自汉张道陵,其后四代日盛,来居信之龙虎山。相传至三十六代宗演,当至元十三年,世祖已平江南,遣使召之。至则命廷臣郊劳,待以客礼。特赐玉芙蓉冠,组金无缝服,命主领江南道教,仍赐银印。十八年、二十五年再入观,世祖尝命取其祖天师所传玉印宝剑观之,语侍臣曰:‘朝代更易,已不知其几,而天师剑印,传子若孙,尚至今日,其果有神明之相矣乎?’嗟叹久之。子孙世袭领江南道教,主领三山符箓。”此即江西张天师,世称正一真人者所自始也。(《通鉴辑览》称“元世祖诏封张宗演为嗣汉天师,演道灵应冲和真人”。此实为张氏世袭天师之始。)又云:“真大道教者,始自金季道士刘德仁之所立也。其教以苦节危行为要,而不妄取于人,不苟侈于己者也。五传而至郦希诚,居燕城天宝宫,见知宪宗,始名其教曰真大道。授希诚太玄真人,领教事。”“太一教者,始金天眷中道士萧抱珍,传《太一三元法箓》之术,因名其教曰太一。”盖支派益多矣。惟丘长春一派最受元代隆遇。长春名处机,栖霞人,自号长春子,年十九为全真(道士出家不娶者为全真,在家者名火居道士),师事重阳王真人,成吉思汗在雪山,遣使求之。长春应命,行万有余里,绝沙漠,自昆仑;历四载而始达雪山。问长生久视之道,告以清心寡欲为要。成吉思汗称为神仙,仍遣使送还。其后叠降谕云:“成吉思皇帝圣旨:道与诸处官员每,丘神仙应有底修行底院舍等,系逐日念诵经文告天底人每,与皇帝祝寿万万岁者所据,大小差发赋税都休教著者。据丘神仙底应系出家门人等,随处院舍,都教免了差发赋税者。其外诈推出家,影占差发底人每,告到官司,治罪断案。主者奉到如此,不得违错,须至给照用者。右付神仙门下收执。照使所据,神仙应系出家门人精严住持院子底人等，并免差发税赋，准此。癸未羊儿年三月（御宝）日。”又云：“宣差阿里鲜面奉成吉思皇帝圣旨：丘神仙奏知来底公事，是也嗽好。我前时已有圣旨文字与你来，教你天下应有底出家善人，都管著者，好的歹的，丘神仙，你便理合，只你识者，奉到如此。癸未年九月二十四日。”于是儒释道三教之人，悉归道派所管领矣。

明胡应麟《少室山房笔丛》卷四十二《玉壶遐览》引《青岩丛录》云：“今炼养服食，其术具在，而全真之教，兼而用之，全真之名，昉于金世，有南北二宗之分。南宗先性，北宗先命。近时又有真大道教，有七祖康禅之教，其说又自相乖异。至于符箓科教，具有其书。正一之家，实掌其业。而今正一又有天师宗分掌南北教事，而江南龙虎阁皂茅山三宗符箓又各不同，先儒有云：‘道家之说，杂而多端’，其信然矣。按《丛录》以全真之教，昉于金世，有南北二宗之分，似未详考。盖南北二宗之分，实自宋南渡后，而皆始于吕岩。岩得道钟离权，权得之东华少阳君，南宗自岩授刘海蟾操，操授张紫阳伯端，伯端授石翠玄泰，泰授薛紫贤道光，道光授陈泥丸楠，楠授白海琼玉蟾，玉蟾授彭鹤林耜，此所谓南宗也。北宗自岩传王重阳哲，哲传马丹阳钰及妻孙不二，钰传谭长真处端，刘长生处玄，丘长春处机，此所谓北宗也。全真之名，始自王重阳，今犹有祖其名号者，然处机之后寂然矣。紫阳下撰述多传于世，近亦寥寥。当国初迹有铁冠、周颠、冷谦、张三丰等，大率非由学而致也。王司寇跋王重阳碑云：重阳名哲，初业儒不成，去业武不就，偶以遇异人得度，遂为全真教祖。张大其说而行之者，皆其徒丘处机力也。其说颇类禅而稍粗，独可以破服金石事铅汞之误人，与符箓之怪诞，而其徒不尽尔也。重阳所为说，未尝引钟吕，而元世以正阳纯阳追称之，盖亦处机意所谓张大其说而行之者，重阳得无师，智似六祖，其悬记似志公，显迹又似万回，异哉。按长公说则北宗不重服食，盖专主炼养。而南宗则兼主二家者也。”

按胡应麟所述南北宗之系统，亦仅具概略，且此所谓分宗者，实仅一宗之分为南北耳。与天师正一道无涉也，故道教之分派，迄至今日，要以全真教及天师道为两大宗，对峙于南北。全真教不饮酒茹荤，不畜家室，授徒传教，是为出家道士。天师正一道虽亦授徒，但天师系属世袭，应有妻子，虽亦斋戒，而非斋期，亦可御酒肉。故正一道之徒，皆属在家者，是为火居道士。譬之佛教，亦有出家僧与火宅僧之别也。全真教北方为盛，北平城外之白云观，即其教之中心，而南方亦有之，又茅山武当之道士，亦皆出家道士也。武当奉真武，全真亦然。今举其《诸真宗派总簿》录之如下（北平白云观抄本）：

太上老君，姓李名耳，字伯阳，号老聃，降生河南亳州苦叶县，二月十五日圣诞。

第一，混元派　混元乾坤祖，天地日月星。三教诸圣师，金木水火土。浑合本空峒，乾谒上玉京。虚无生一炁，良久归太清。

第二，混元派　一永通玄宗，道高本常清，德祥恭敬泰，义久复圆明。混元三教主，天地君亲师，日月星斗真，金木水火土。

君喜真人尹喜派，又鲁山文始楼观三派字同。

第三，尹喜派　道德清上高，云程守炼丹，九重天外子，方知妙中玄。心静自然体，发白面童颜，袖吞乾坤大，阴阳造化先。

五祖派

东华帝君，姓王名玄辅，号少阳，降生于战国时，得老子寝中于终南山，梦传《黄庭经》，所得著世。二月初六日圣诞，系山东青州府人。留传之派。

第四,少阳派　弘宣无极道,习学理自明,有个长生路,飞升上云程。

钟离帝君,姓钟离,名权,字云房,号正阳,汉时将军,系陕西西安府咸阳县仙籍,得东华帝君秘诀,授道于终南山,四月望日圣诞。留传之派。

第五,正阳派　阴阳生造化,动静合本元,自得神仙指,方知妙中玄。

纯阳帝君,姓吕名岩,字洞宾,道号纯阳(居彝圣宫即元始台),系山西蒲州府蒲州县仙籍,四月十四日圣诞。唐天宝进士,有日月当空之祸。隐于终南,受正阳祖师大道,四门人(梅柳林磐)留传瀛洲龙沙派。

第六,纯阳派　寂然无一物,妙合于先天,元阳复本位,独步玉京山。

海蟾祖师,姓刘名操,字宗成,系燕山人,六月初十日圣诞。受道于钟离帝君。

第七,海蟾刘祖派　省悟自归隐,修养本之神,散淡蓬莱客,逍遥阆苑人。

重阳祖师,姓王名允卿,生于宋徽宗时,系咸阳县大魏村人,十二月二十二日圣诞。留传之派。

第八,重阳派　自己有真宝,何须向外寻,一旦功成满,飞升大罗天。

七真派

长春祖师,姓丘名处机,字通密,号长春,系山东登州府栖霞县滨都人,正月十九日圣诞,七月初九日飞升。元世祖敕封长春演道主教真人,元武宗封长春全道神化明应真君。留传之派。

第九，龙门派　道德通玄静，真常守天清，一阳来复本，合教永圆明。至理宗诚信，崇高嗣法兴，世景荣惟懋，希微衍自宁。住修正仁义，超升云会登，大妙中黄贵，圣体全用功。虚空乾坤秀，金木姓相逢，山海龙虎交，莲开现实新。行满丹书诏，月盈祥先生，万古续仙号，三界都是亲。

长生真人，姓刘名处玄，字通妙，号长生，系山东莱州府掖县武官庄人。生于金熙宗丁卯岁二月初六日圣诞，七月二十日飞升。元世祖敕封长生辅化明德真人，元武宗加封长生辅化宗玄明德真人。留传之派。

第十，随山派　思道明仁往，全真性复常，景高和礼义，嗣信守忠良。裕谦贤旅泰，宗友茂性祥，盛益希诚朴，玄元世永昌。金木万古续，智慧保宁光，圣体通三界，广大演自清。志虚空教化，月盈妙中黄，用功悟仙号，丹书现荣阳。行满乾坤秀，圆融衍相逢，莲开龙虎诏，超升崇利亨。

长真祖师，姓谭名处端，字长真，系山东登州府宁海州人，生于金太宗天尊（尊字当为会字之误）元年三月初一日圣诞，四月一日飞升。元世祖敕封长真云水蕴德真人。留传之派。

第十一，南无派　道本崇真理，玄微至妙仙，升至云霄上，功成必有名。大教明清静，宏演往惟良，悟元光体性，一志复圆融。冲寿通旅泰，了然衍望兴，中和宗正巧，智慧化全家。新友圣书诏，炼就宝金丹，裕谦常礼义，慈行满乾坤。龙虎广修理，模照永遐龄，山川千古秀，盛希守忠贤。

长玄去人，姓马名处钰，字通宝，号丹阳，系山东登州府宁海州人。生于金太宗天尊（字误同上）元年五月二十日圣诞，十二月二十二日飞升。元世祖敕封丹阳抱一无为真人，元武宗加封丹阳抱一无为普化真君。留传之派。

第十二，遇山派　自元来正志，冲寿成仙丹，忠靖得礼义，了然见朝天。致虚端笃悟，本理淳全玄，清微通大化，真常合妙言。崇教和法本，守仁有工夫，恭敬明智慧，圣体立遐龄。宏应演音信，高复现祥光，诚慈惟黄贵，金木会王逢。云升虎龙交，嗣希直用行，荣茂乾坤秀，莲开衍宝兴。

广宁祖师，姓郝名大通，字太古，号广宁，系山东登州府文登县人，生于金熙宗天眷庚申岁，幼壮卜筮授教，正月初三日圣诞，十二月三十日飞升。元世祖敕封广宁通玄太古真人，元武宗加封广宁通玄太古真君。留传之派。

第十三，华山派　至一无上道，崇教演全真，冲和德正本，仁义礼智信。嘉祥宗泰字，万理复元亨，清静通玄化，体性悟诚明。养素守坚志，虚灵慧业生，希贤遵秘法，慎修保纯贞。敬谨规良善，默功毓秀英，勤能扶世运，积久大丹成。永建根基厚，仙瀛书盛名，圆满光华照，云天庆上升。

玉阳真人，姓王名处一，字精通。号玉阳，系山东登州府文登县人。生于金熙宗二年三月十六日圣诞，四月二十三日飞升。元世祖敕封玉阳体玄广慈普度真人，元武宗加封玉阳体玄广慈普度真君。留传之派。

第十四，嵛山派　清静无为道，至诚有姓名，金玉功知巧，通此加地仙，玄冲宗义德，茂演教宏元，中和真法永，智慧保神全。恭敬成希盛，璞福世康宁，莲开丹书鉴，广大复圆融。旅泰万古续，常义现荣阳，洁渊威锦量，行满卯惟祥。未修空妙瑞，阐言守忠良，虞悟容之回，朴极献峁馥。

清静散人，仙姑，姓孙名不二，号清静散人，系山东登州府宁海州人。生于宋徽宗宣和己亥岁正月初五日圣诞，十二月二十九日飞升。元世祖敕封清静渊真玄虚顺化元君。留传之派。

第十五，清静派　全真通玄理，大道德无为，性合灰尸解，只此百功夫。虚静明常应，宏仁守至诚，嗣教宗元化，悟本自遐龄。保命登云会，妙中演洞清，超升广智慧，三界永康宁。长存修万古，行满法光明，劝用生利益，金木续乾坤。丹书祥速现，普照瑞龙鳞，高上神霄太，炼成运相逢。

丘祖岔派玄字分支，玄静祖师，姓孙名玄静，字元玉，号金山，系山东莱州府即墨县崂山人，明嘉靖敕封护国天师。留传之派。

第十六，金山派　玄至一无上，天元妙理生，体性浮空坐，自然是全真。常怀清静意，合目得金丹，道高扶社稷，留名万古传。宏扬开大化，正法度贤宗，温良恭俭让，宽仁慈善容。潜心存本位，密念守规中，勤修延寿命，内息润黄庭。安义黍珠成，凝照慧光灵，冲举云霄外，永与太虚同。

丘祖本字岔派分支，齐真人名本守，字金辉，留传之派。

第十七，金辉派　本合教中理，智时悟我机，远近从和起，阳子结金辉。超元守静致，同法会真人，诠义功斯尚，观文象乃纯。

丘祖复字岔派分支，茅山乾元观。

第十八，阎祖派　复本合教永，圆明寄象先，修成龙绪业，历代嗣宗传。

第十九，崂山派　复驾云龙去，至教延七真，中元通玄理，福泽自德春。

马祖岔派分支，遇山（此派原本二十字，于同治十二年有房山县城隍庙来观，同众公议，重续八十字）。

第二〇，清微派　守德崇用福，一清季祖真，永高常正静，圆通宗本恒。金鼎结大丹,长生造化中,与天同无极,法嗣继犹龙。赤明阳和日,太焕碧玉宫,华夏兆臻弼,彦度紫垣东。云衢听仙韵,芝裔总蔚丛,千代归黄道,诚维求元功。遇缘蓬莱会,山人智慧兴,续传奥妙理,支演万古风。

太茅真君名盈,系陕西咸阳县人,留传之派。

第二十一,清微派　善道崇真祖,正元直德高,守清希大用,玄教延明朝。国阜世安静,何泰荣继诏,龙庆天长卯,岛融如舜尧。

二茅真君名固,陕西人,更名,留传之派。

第二十二,清微派　崇虚与道,富德仁从,世理真常,可思教本。克成大正,璧定文昌,一字增崇,计少玄祖。性如日月,体如玉银,合朝无上,万古留名。

第二十三,又二茅派　复虚兴道,富德从仁,世理真常,教本可思,克成大正,毕定久昌。

北茅真君名衷,系陕西咸阳县人,留传之派。

第二十四,清微派　混靖希景,守汝玄志,宗道大天,得性自尊。克崇祖德,光绍真应,师宝友嗣,永仁世昌。恭存依敬,伦思继本,丹贯以丞,灏演精信。念爱明持,载启先觉,云章揖业,珠进遥芝。

三茅真人,姓刘名熹,字世伦,号大元,留传之派。

第二十五,静一派　混静希景,守汝玄志,宗道大夫,德性同尊。克崇祖德,光绍直应,师宝友嗣,永世仁昌。以存恭敬,有自必承,能思继本,端拱一诚。

第二十六,张玉皇高上派　道德功行成,清静保全真,黄庭聚万象,辅护自元君。

第二十七,清微派　思道景守以自清,德振绍顺继敏宗,志启弘宸拱先智，慧显祝延永成功，合荣圣教证玄琮，义理开明万法通，至静常存真一处，虚心怡朗性圆融。

第二十八，清微派　思道文德时目奇，守真存正继雍熙，一从演法承宗惠，百世调源嗣汉枝。

第二十九，清微派　思道永德时目奇，守真存正继雍熙，玉兴智慧延广衍，培祝隆新锡佑及。

第三〇，清微派　思道大应久悟，日仕普济真元，玄良宜崇文智，明镜广报宏恩。

第三十一，龙虎山正乙门下天师清微派　冲汉通玄韫，高宏鼎大罗，仙源愈兴振，福海启洪波。

天师张虚静真人，系江西龙虎山信州人，留传之派。

天师，宣统元年仲春，重续廿字。

第三十二，正乙派　远近资元运，久长保巨浮，道惟诚可宝，德用信为珍。秉教宏丹篆，葆真启世人，鸿图辇景祚，圣泽振昌辰。玉局受经后，贵水传灵根，青城垂氏派，妙法继洪钧。

第三十三，天师正乙派　一德守真元，清扬印本玄，静明存正道，太素永通宣。蜀都降龙虎。所悟乾坤全，教法无中有，丹书古今传。

第三十四，张真人正乙派　一元义道至，真全守太清，照应通玄理，惟希最有成。

第三十五，正乙派　永志玄守道，正乙继元宗。真常明悟性，宏教演法通。星月皎天汉，清静点行功，抱点无量念，机理至仁中。

第三十六，正乙派　一渊以道治，国祚永安宁，往通常玄理，惟希太景成。万源从始玉，朗然烟洞明，真法达自性，超宗义越亭。

第三十七，天师张真人正乙派　守道明仁德，全真复太和，志诚宣玉典，忠正演金科。冲汉通玄韫，高宏鼎大罗，三山扬妙法，四海涌洪波。

第三十八，正乙派　此派自光绪八年八月系通州里二四佑民观续起。

从守真正元，道往体崇安，清静功成满，玄妙步云仙。金光冲霄汉，超然玉京山，圆通大智慧，万古永留传。

第三十九，正乙派（后门火神庙）　思道应云正乙，终成万世圆通，是法先贤有德，端然永选仙功。

第四〇，天师张道陵真人正乙派　正乙守道，修往延洪、鼎元时兆，秉法钦崇。福善永寿，明智昌隆，熙朝嘉绍，静演真宗。光大恒启，广运会通，乾坤清泰，万事成功。

民国八年二月初一日续，存心现理养性，守本诚和清静，智慧犹惜上远，得诠复还安定。

第四十一，正乙派　怀玄抱真，道合无为，养素守默，保光图和，致虚冲阳，承化弘先。

第四十二，天师分支尹喜派　化弘元密，道德真常，灵源镇远，天蓬维黄。五登永参，二桂恒昌，清承祖印，奕世绍芳。

第四十三，真武玄武派　宣渊一道志，求德振常存，照应通玄理，微希太景成。

第四十四，吕祖天仙派　妙玄合道法，阴阳在乾坤，志心皈命礼，万古永长春。清静无为宗，临通大洞金，暂状师得位，辉腾谒太空。

第四十五，天仙派　崇高容文德，永远坚立经，遵尊万化体，守养一炁成。

第四十六，天仙派　灵宝无二法，真一启玄宗，清静妙难思，祯界叙太空。

第四十七，吕祖蓬莱派　圆通智毓用。始清重密真，丹体赴蓬莱，宝鼎炼成金。云霞生造化，光明妙元根，道德福田本，万古永长春。

第四十八，葛真君天台派　混元分太清，玄微自古今，释儒悉皈依，三教合元君。

第四十九，许真君净明派（系江西人）　天德高无量，照明自古今，玄元闻见处，总合圣贤心。道德宏清静，法源广大成，东汉有章教，功果保忠祯。

第五〇，果老祖师云阳派　崇静真阳复，至坚守太玄。智礼清白信，存义法明长。道贵诚正理，德尚实和行，参赞乾坤机，变运造化功。

第五十一，铁拐祖师云虚派　太玄了清辉，鹤然谢瑞征，功高身必贵，妙诀合天心。

第五十二，何仙姑云霞派　高居三界外，回首盼世尘，谁是女丈夫。请来同修真。

第五十三，曹国舅金丹派　芝田白鹤栖，丹物炼药丸，遍体是纯阳，飞身入云汉。

第五十四，曹仙姑清静派　发个冲天志，修行有何难，太阳炼形去，妙理至奥玄。

第五十五，樵阳真人玉线派　无恒常自在，静慧一真如，性定心空寂，玄元道法兴。

陈抟老祖系四川夔州府人，留传之派。

第五十六，老华山派　须度玄明月，朗然雷随风，蓬莱真清静，道德中可东，性定发祥泰，阴阳妙法通，龙虎交变化，乾坤惟满充，金木还本体，来往运全功。

第五十七，周祖灵宝派　思道洞本重，明香克理忠，洪良居士显，一嗣永承宗。德大传家久，清修福泽长，世肇因衍庆，慈风蓬业祥。

第五十八，周祖铁冠派　思道大应恒悟，月仕普济真元，崇文智明镜广，心传崧岱显扬，静默中存志诚，寿永泰运亨昌。

第五十九，徐复阳祖师鹤山派　复驾云坎至，崇教道九真，种正通玄理，福泽自得春。元阳从心布，萌芽不更生，体性虚空坐，安然金丹成。

第六〇，鹤山派　重临修仙侣，光华常延增，乾坤均相配，龙虎交黄庭。秉剑立善法，逍遥遇遐硂，智慧明日月，还升太和宫。

三丰祖师姓张，系沈阳人，在屋山，留传邋遢派、新宗派、檀塔派，俱归一宗。

第六十一，自然派　玄云曲端静，清虚色自轻，月圆皈命礼，抱意管丹诚。元玄明至本，大详理幽微，参透无中有，方可达希夷。

第六十二，三丰祖师自然派　惟道然之宗，若守可以隆，功德归盛泰，万世礼仙真。本静从玄教，福寿永长兴，合清仁志点，秉义复元登。

第六十三，三丰派　道德机宏容，真正守长清，万强工夫首，宗来教方春。星月皎天汉，守静默行功，一德无量念，玄理至仁忠。

第六十四，三丰派　玄云通道居端静，白鹤乘虚向自清，师资月圆皈志礼，身中抱一管丹成，太上渊微入妙元，凌云星朗贮壶天，功候到日方许就，始悟真言信可传。

第六十五，三丰派　大道英勇德，真正守常存，万疆共福寿，宗脉教芳春。

第六十六，三丰祖师日新派　大道应永得，守教志常真，一阳来复本，同静德玄风。

第六十七，日新派（此派系光绪八年七月二十日续起）　冲和天根定，涵养易书深，宝元得正体，归吉万年身。

第六十八，三丰祖师蓬莱派　圆通智敏用，是清修觅真，丹体蓬莱会，保定炼成金。

萨真君名守坚，号紫云，系四川云宁府云宁县人，生于炎汉宁帝八年七月二十六日圣诞，五月五日飞升，留传之派（按所记地名帝名皆讹误）。

第六十九，天山派　孤肩担日月，老鼎铸乾坤，玉豆黄庭跃，金光紫气悬。群仙还大药，古塔露真烟，三宝钟千幻，九重法一传。神钦飞锡客，鹤听点花禅，万象归元始，同生极乐天。熙和登福宇，清静远尘缘，瑞自芝兰霭，祥从云汉迁。志诚恩济普，功久德思全，若悟虚无学，常参妙与玄。

第七〇，萨真君西河派　守道明仁德，全真复太和，志诚宣玉典，中正演金科。冲汉通圆满，高宗居大罗，武当兴法派，福海起洪波。

第七十一，萨祖派　道德广元明，全真冲本城，清净机玄妙，无为从复融。体仁宏正化，悟性显智宁，溪惟通莲合，世金永发兴。

丘郝二祖在山东济南府长清县东南十里五峰山，留传之派。

第七十二，龙门华山派　通玄全真冲和德，正本恒成位尚仙，仁能贞心传义纪，世见生前浩太元。子阳遍转归至道，盈宿守静保丹田，情高悟开复天理，自然长颜如松年。

第七十三，丘祖又派　道守悟玄微，清静本希夷，无为自然妙，又继龙门裔。真常德正止，重开凤唱奇，功成超紫府，丹诏赴瑶池。

第七十四，郝祖岔派（在武当山，开基于明朝，留下此派，即名为郝祖岔派）　道铃治明惠，建贞一亨嘉，莫哗纯翠景，兆裔永流传。至虚无上理，澄清定宁基，冲和德正本，仁义礼智信。

第七十五，王祖岔支仑山派　宏运庆万礼，大用守真源，忠信怀仁德，礼义学道先。

吕祖门人李清庵真人，留传之派。

第七十六，先天派　自一无上道，永忠太夫人，礼高重进本，可得万代清。志诚和妙有，炼性合融明，澄湛通玄化，元罡温玉京。

碧云祖师，姓孙名碧岩，系终南山人，留传榔梅派，即武当山之派。

第七十七，本山派　碧山传日月，守道合自然，性理通玄得，清微古太元。真静常悠久，宗教福寿长，庆云冲霄汉，永远大吉昌。

第七十八，陈赵二师留传栖安派（此派自光绪元年春月续）教垂万古，淡泊家风，栖安同德，宏演三乘。凝真高洁，吉庵圆通，混合为一，道继犹龙。

张紫阳真人，于宋雍熙年间，在台州府天台县崇道观，留传之派。

第七十九，紫阳派　陵源觉海静，宝月性天明，随景元华谷，得符瑞泰清。参悟名真理，修为筑到基。完全成圣果，自在乐希夷。灵素中常妙，葆光萃太空，道高超极则，德懋证玄通。

丘祖宗字分支岔派，云樵真人姓张名宗璿，字耕云，系山东登州府福山县人，由光绪甲申秋间，重赴白云观传法，门下弟子等，因徒众人繁，叩求愿遵宗字为第一代号。

第八〇，霍山派　宗诚信崇绪，修善法德超，璿律传千士，智慧贯天高。耕兴龙门教，静参玄中妙，云度众生戒，万载尊师道。

第八十一，御制九宫山派（系京山人，姓张名道清）　道宗元太希，惟天可守之，以智绍弥祖，端显应良师。公子茂中景，叔孙克世时，孟仲季若善，居处自然熙。增广开雍基，修持正本支，秀钟贤达立，福寿海山齐。妙悟承嘉祉，融通得静机，万年类永锡，佐国瑞云奇。

第八十二，彭祖真空派（此派自民国二年戒期汤静谦由江西代来）　普圆溥照觉性，应度慈光黄庭，正达道法源通。谱愿成善果，真常智慧全，证盟功德海，修悟定超元。虚静和仁义，清微志妙先，嘉祥尊大极，万理总同原。有时参厥旨，随在契天机，若能归一贯，平易亦神奇。

章祖名哲，道号广慧祖，居江西南昌府武宁县三十五都顺义乡石门仙潭人。宋理宋景定二年二月十九日降生，自幼好道，二十七岁结庵丝罗山，即今太平山也。年五十三岁，端坐而逝。留传之派。

第八十三，广慧派（此派系民国五年丙辰八月初八日由江西南昌府武宁县太平山万寿宫穆善清代来六十字）　广德通玄净，壶空悟乾坤，清守炼金意，矩本一中稀。定祥元贞吉，虚明幻化期，实承符法理，万古太平春。至善宜知止，纯修在返真，丹成能见性，证果有良因。

第八十四，华山派（此派光绪元年自南方代来，又有人云是华山后续）　自求精微妙，洪昌圣贤心，昆仑阐大法，咸登谒玉京。三界十方内，遍地黄芽生，龙虎盘坎离，五气华池中。了然永解脱，逍遥斗牛宫，位列诸胜境，光照满乾坤。

第八十五，华山派（南方后续）　自求靖未朴，宏常盛有恩，昆仑重大华，瑊珂合封增。三界千古秀，极锦丹桂兴，山海龙虎交，阐彪现遐龄。了然端敬建，新友广洁勤，裕谦渊斌馥，普照满乾坤。

第八十六，尹喜派（尹喜真人尹喜派，此乃南方代来） 道德清高上，云呈守炼丹，九重天外子，方知妙中玄。清静自然体，发白面童颜，袖吞乾坤大，阴阳造化先。悟本从正礼，冲和养太元，轻寂全木柄，一定龙虎盘。慧法祥光现，莲开宝林宣，身应归根窍，气住复命关。三千功圆满，异姓合真仙，逍遥蓬莱路，今朝玉京贤。

以上所录，皆各派道徒子孙递传之系名，而道教各派，不论南北出家在家各宗之系统，殆已全包括于此系谱之名内。故不能不备录之。欲知道教分派之详者，观于此亦可悉矣。惟展转传钞，其中有无脱误，殊不可料，盖亦无甚关系耳。

此各派系名中，有同在一系而其字不免重复者，果有误与否，亦未便代为订正。其显然知其误者，如年号天尊之类，则为正之。

第十七章　明清时代之道教

明代僧道皆置官以管其众。《明史·职官志》:“京师置道录司左右正一,二人(正六品)。左右演法,二人(从六品)。左右至灵,二人(正八品)。左右元义,二人(从八品)。神乐观提点,一人(正六品)。知观,一人(从八品,嘉靖中革)。龙虎山正一真人,一人(正二品。洪武元年,张正常入朝,去其天师之号,封为真人,世袭,隆庆间,革真人,止称提点;万历初复之)。法官、赞教、掌书,各二人。阁皁山、三茅山,各灵官一人(正八品)。太和山提点,一人。道录司掌天下道士,在外府州县有道纪等司分掌其事,俱选精通经典、戒行端洁者为之。神乐观掌乐舞,以备大祀天地神祇,及宗庙社稷之祭,隶太常寺;与道录司无统属。洪武元年,立善世元教二院,四年革,五年给僧道度牒,十一年建神乐观于郊祀坛西,设提点、知观(初,提点从六品,知观从九品,洪武十五年,升提点正六品,知观从八品,凡遇朝会,提点列于僧录司左善世之下,道录司左正一之上)。十五年,始置僧录司,道录司(各设官如前所列)。僧凡三等,曰禅、讲、教。道凡二等,曰全真、正一。设官不给俸,隶礼部。”“府置道纪司,都纪一人(从九品),副都纪一人。州置道正司,道正一人,县置道会司,道会一人,俱洪武十五年置,设官不给录。”明帝历世奉道亦甚至,世宗尤躬亲斋醮,不理朝政。道士邵元节本龙虎山上清宫道士,封为清微妙济、守静修真、凝元衍范、志默秉诚、致一真人，统辖朝天、显灵、灵济、三宫，总领道教，赐金、玉、银、象牙印各一。陶仲文封神霄保国、弘烈宣教、振法通真、忠孝秉一真人，授少保、礼部尚书，加少傅少师，封恭诚伯。世宗又上皇考道号，为三天金阙、无上玉堂、都仙法主、玄元道德、哲慧圣尊、开真仁化大帝。皇妣号为三天金阙、无上玉堂、总仙法主、玄元道德、哲慧圣母天后、掌仙妙化元君。帝自号灵霄上清统雷元阳妙一飞元真君。后加号九天弘教、普济生灵、掌阴阳功过、大道思仁、紫极仙翁、一阳真人、元虚圆应、开化伏魔、忠孝帝君。再号太上大罗天仙、紫极长生、圣智昭灵、统元证应、玉虚总掌五雷大真人、玄都境万寿帝君。盖当时道士除炼丹服食外，且以能焚香召鹤，为仙真下降之证，其伎俩亦可睹矣。至清代虽亦崇奉，但不若前朝之甚，且听廷臣之言，对于张天师，始但许称正一真人，由二品降为五品，后又不许朝覲，令礼部带领引见。乾隆四年，又禁正一真人传度，道教从此衰矣。但人民崇奉，延请祈禳超度者，仍比比皆是耳。

第十八章　现在之《道藏》与《辑要》

现行之《道藏》，为明万历时重修，除元代已焚经籍，无从列入外，新增者亦夥，间以扶鸾所得，且有托之于吕祖文昌降笔者。《道藏》刊行于北平白云观，明白云观道士白云齐为《道藏目录详注》，载入清《四库全书》。其目分洞真、洞玄、洞神、太玄、太平、太清、正一七部。三洞部各分本文、神符、玉诀、灵图、谱录、诫律、威仪、方法、众术、记传、赞颂、表奏十二类。太玄、太平、太清、正一四部，号为四辅，不分类。《四库全书提要》云："白云霁，字明之，号在虚子，上元人。是书成于天启丙寅，以《道藏》之文，分门编次，大纲分三洞、四辅、十二类，每条各有解题，如《崇文总目》、《郡斋读书志》之例。所列诸书，多捃拾以足卷帙。如刘牧《易数钩隐图》、《遗论九事》，张理《易象图说内外篇》，雷思齐《易外别传》（按此本俞琰之书，云霁误以为思齐）、《易筮通变》、《易图通变》，旧皆入《易》类。《穆天子传》旧入起居注类。《山海经》旧入地理类。扬雄《太玄经》、邵子《皇极经世》、鲍云龙《天原发微》，旧皆入儒家类。《墨子》旧入墨家类。《素问》、《灵枢经》、《八十一难经》，孙思邈《千金方》，葛洪《肘后备急方》、《急救仙方》、《仙传外科秘方》，寇宗奭《本草衍义》，旧皆入医家类。《公孙龙子》、《尹文子》，旧入名家类。《韩非子》旧入法家类。《孙子》旧入兵家类。《鬼谷子》旧入纵横家类。《鬻子》、《鹖冠子》、《淮南子》、《子华子》、《刘子》，马总《意林》，旧皆入杂家类。《录异记》、《江淮异人录》，旧皆入小说家类。黄帝《宅经》、《龙首经》、《金匮玉衡经》、《玄女经》、《通占大象历》、《星经》、《灵棋经》，旧皆入术数家类。陶弘景《华阳隐居集》、邵子《击壤集》、吴筠《宗玄集》，旧皆入别集类。虽配隶或有未安，门目或有改易，然总无以为道家言者，今一概收载，殊为牵强。盖二氏之书，往往假借附会以自尊其教，不足深诘也。"按明又有《续道藏》，则并焦氏《易林》及堪舆之书，亦皆列入焉。至于《历代神仙通鉴》一书，号为龙虎山张真人、包山黄掌纶同订者，初集为《仙真衍派》，二集为《佛祖传真》，三集为《圣贤贯脉》，于是儒佛咸援入道教，既以泯嫌隙，又足扩宣扬，诚计之得也。

明胡应麟《少室山房笔丛》云："唐开元中《道藏》共三千七百四十四卷，其后残缺。宋王钦若等刊补洞真部六百二十卷，洞玄部一千一十三卷，洞神部一百七十二卷，太真部一千四百七卷，太平部一百九十二卷，太清部五百七十六卷，正一部三百七十卷，凡四千三百五十九卷。"胡氏《笔丛》所说唐宋《道藏》之卷数，元代焚毁之后，未知实存几何。今就北平白云观《道藏》所交于上海涵芬楼影印者，已多至五千五百册（《道藏》五千四百八十五卷，上海本一一二〇册）。书既浩繁，人难遍识。涵芬楼曾自影印之全藏中，取其最有资于学术者，厘为十类，分别印行。所采纯属菁英，固为欲窥全藏而未能者，得此一脔，亦可满意。至于全藏目录，亦已另有印行者也。兹将辑要所分十类，记其总数如下：

第一类《道德真经》五十二种一百册　自唐傅奕《校正道德真经》至五代杜光庭述《道德真经广圣义》。

第二类《南华真经》十二种五十册　自《南华真经》，及宋褚伯秀学《南华真经义海纂微》至唐成玄英《南华真经注疏》。

第三类《冲虚至德真经》六种十五册　自《冲虚至德真经》及宋林希逸撰《冲虚至德真经鬳斋口义》至唐殷景顺《冲虚至德真经释文》。

第四类《周易参同契》十种十册　自长生阴真人注《周易参同契》至储华谷注《周易参同契》。

第五类诸子二十一种三十五册　自《鬼谷子》至《意林》。

第六类道书十九种五十八册　自《黄帝阴符经集注》至唐张君房《云笈七签》。

第七类史传地志二十五种二十六册　自唐王瓘述《广黄帝本行记》至明查志隆辑《岱史》。

第八类摄生十六种七十六册　自无名氏《四气摄生图》至晋葛洪《葛仙翁肘后备急方》。

第九类术数九种十七册　自《黄帝宅经》至汉焦延寿《易林》。

第十类道家六集六种十一册　自蜀林光庭《广成集》至元郝大通《太古集》。

第十九章　宫观及道徒

道教祀神之祠庙，谓之观，亦曰楼观。《渊鉴类函》居处部四观一引《释名》曰："观者，于上观望也。"又观二引《关尹传》曰："尹喜结草为楼，精思至道，周康王闻，拜为大夫。以可观望，故号此宅为关令草楼观。即观之始也。"《埤史》曰："周穆王好神仙，召尹轨、杜仲居终南山，尹真人草楼因号观，由是奉神仙之地皆名曰观。"按：《史记·封禅书》："公孙卿曰：'仙人可见。……今陛下可为观如缑城，置脯枣，神人宜可致也。且仙人好楼居。'于是上令长安则作蜚廉桂观，甘泉则作益延寿观，使卿持节设具而候神人。乃作通天茎台，置祠具其下，将招来仙神人之属。"此实为道教祠宇称观之由来，其后更称广大者为宫。唐玄宗作太清宫以祀老子。宋真宗作玉清昭应宫，以夜继昼，七年乃成，凡二千六百一十楹，制度宏丽，屋宇少不中程式，虽金碧已具，必毁而更造。又作会灵观。以首相王旦为宫使，次相王曾为观使。于是诸路府州道教宫观，概置提举、提点、管勾等官，以臣僚任之，为养老投闲之职，授以祠禄，谓之奉祠焉。

至于宫观之形式，亦有可得而言者。大凡我国之建筑，自帝王宫殿、祠庙、佛寺、道观，以至官署、居宅，规模虽有大小，形式殆用一律。古之宫室，皆前有门，入门为中庭，继为堂（即殿），堂后为寝，是也。或旁有廊庑后有园池，廊之两侧分建别屋。道教宫观，亦莫能外是。兹举宋邓牧《洞霄图志》宫观门内洞霄宫制度大概，以见一斑。洞霄宫在杭州余杭县南。前为外门，即山门。入门度桥有两门对峙为双牌门再入为三门。入门为虚皇坛，坛后为三清殿即正殿。殿东西厢为两庑，库院在东庑，斋堂在西庑。昊天阁在东庑后，璇玑殿在库院东，佑圣殿旧在正殿左，后建于三门东偏，祠三，张帝祠在三门右，龙王仙官祠在西庑后。日过寮在云堂右，为游方暂憩之地。法堂在正殿后，方丈在法堂后。道院在西庑后，分十八斋，则道士所居也。

现今之道观，可分为二：一曰小道院，例如北平琉璃厂吕祖庙，上海三茅阁者，是也。二曰方丛林，有传戒之特权，如各省玄妙观、白云观，即是也。又道士有二种：一曰记名出家，其人因多病，许与小道院为徒弟，仍在家中读书教养。有穿道服者，又有不然者，及岁时先跳墙，然后可婚娶。跳墙者，逃走出亡之意也。二曰实行出家，终身为道士者也。假令欲为道士者，其人卜吉日，同伴介绍，诣小道院，拜其院主为师。有资财者，可敬奉庙中，无之者，亦不索取。于是院主赠道名。例如姓王，赠名永修。自是结发成髻，改服圆领阔袖之道袍，穿白布高袜，云履青鞋。习字读经，至于洒扫炊事，担水负薪，无一不服勤。如此约一年。如值白云观授戒之期年，与院主诣观，毕业应受之戒律，然后始得道士资格（毕业道士，俗曰老道）。授戒之成绩，仍依天地玄黄等诸班，示其优劣。若中天字号第一，更命留在于观里，学习大丛林一切之规矩，以备异日为白云观方丈之候补。其余之戒众，一律发给衣钵戒牒，或归还各人之本庙，得挂单于各省之十方丛林（挂单一名留单，谓住宿丛林）。要之，小道院养成道士之候补，得不能传戒，十方丛林，有传戒之权，而不能直接收徒弟也。此仅举北平白云观为道士者之规矩，其他各省道士，盖亦大略如是。

第二十章 结 论

以上所述道教沿革与其内容，其变迁之史迹大凡可睹。《道教概说》云："通观道教之变迁，神仙方伎之术，附会黄老，主张服食与炼养。服食为金丹之服药，炼气为元气之修炼，魏伯阳、葛洪倡之。然以服食而达长生不死之目的，事实上不可能，至寇谦之遂起符箓及科教（讽诵经文）之道。惟炼养之方面，易与《易》理附会，且多少合于卫生之原理，而有实效，故修道隐逸之士多好之，所以服食未全然失势力。然社会一般人以其不容易实行，故道教之得势力，不在此点，宁在符箓科教之二法。其后全真教起，更以道教为本位，取儒佛二教之实践的道德，其优者以之整饬社会之风，教其劣者利用迷信，而为禁咒，诱惑愚民。现在之道士，多属此类，服食固久不行，炼养之法亦失，北京之悟善社、道德学会之信者团体，皆为道教之类。"所言颇能赅其源流，原夫道本行路，转为行为，三代以神道设教，于是有巫祝史之官。战国以来，方士朋兴，祈禳、禁咒、黄白、呼吸道引、服饵之术先后出，于是东汉始有鬼道，所谓太平道、天师道之类，时佛法输入，亦称曰浮屠道，盖皆以道为名，初不云教也。迨道士以道之名专为己有，谓之道教，而佛儒二教亦起而鼎峙矣。道教袭庄老之玄言，学巫祝之祭祷，行方士之术数，包罗已至猥杂，更摹效佛经，抄袭名字，尤为识者所鄙。宋马端临经籍考曰："道家之术，杂而多端。盖清净一说也，炼养一说也，服食又一说也，符箓又一说也，经典科教又一说也。黄帝、老子、列御寇、庄周之书所言者清净无为而已，而略及炼养之事，服食以下，所不道也。至赤松子、魏伯阳之徒，则言炼养而不言清静。卢生、李少君、栾大之徒，则言服食而不言炼养。张道陵、寇谦之之徒，则言符箓，而俱不言炼养服食。至杜光庭而下以及近世黄冠师之徒，则专言经典科教，所谓符箓者，特其教中一事，于是不惟清净无为之说，略不能知其旨趣，虽所谓炼养服食之书，亦未尝过而问焉矣。”诸家评论道教，诚亦无辞。然则彼之所可取者，究安在乎？道经有言："我命在我，不在于天"（见《云笈七签》卷三十二《养性延命录引仙经》），盖道家之言，足以清心寡欲，有益修养，儒家所不及。儒畏天命，修身以俟；佛亦谓此身根尘幻合，业不可逃，寿终有尽。道教独欲长生不老，变化飞升，其不信天命，不信业果，力抗自然，勇猛何如耶。烧炼黄白，起于方士，道流承之，铅汞炉鼎，龙虎水火，劳劳千载，而金丹终于无功。然其术西传大食，旋入欧洲，至十九世纪，化学始立。迄今进步一日千里，阐明电子原子循环变化之道，黄金可成，殆非虚语。他若生理物理之研究，医学药学之昌明，而长寿难老却病之方，亦复可期。故道教之说虽多虚诞，其思想非无可取，惜不知科学，费精神于无用之地，有似掷黄金于虚牝耳。然则略举其源流，兼及规章、经说、方术等类，俾欲知道教真相者，稍得悉其眉目，以资镜戒焉，非无用也。矧道教实中国固有之宗教，剖析而分明之，岂非学者之责哉。

中国学者的第一部完整的《中国道教史》

——读傅勤家《中国道教史》

潘显一　申喜萍

20 世纪 80、90 年代，道教研究出现前所未有的新的拓展和深化，任继愈先生、卿希泰先生分别领衔主持的国家社科基金重点项目的最终成果即两种《中国道教史》分别问世，标志着中国道教史研究在中国学术界取得了独立的地位，基本形成了与儒、释文化研究鼎足而立的格局。我们作为改革开放以来进入道教学术领域的新一代学人，无论进行的是道教的分支文化领域研究，还是道教历史研究，都受惠于任、卿两先生及其研究成果。但是，我们应该记得，有道教学术先行者早在之前半个世纪，就已经写出了几种《道教史》，为"道教学"的建立，为半个世纪之后道教学术研究的勃兴埋下了伏笔。这就是 20 世纪 30 年代许地山、傅勤家的三种《道教史》。而其中，傅勤家的《中国道教史》虽仍简略、实乃中国学者写出的第一部从汉魏到明清的相对完整的"道教史"而得以彪炳中国现代学术史册。

1934 年，商务印书馆出版了傅勤家《道教史概论》，同时的还有许地山的《道教史》。也许鉴于这两本著作的简略或不够完整，三年之后，即 1937 年，傅勤家的第二本更为完整的、篇幅达 20 万字的《中国道教史》由商务印书馆（上海）出版。比较许地山的《道教史》（实际上只是其"上编"），许地山的《道教史》则更像是中国哲学研究或是中国思想史研究的作品，并且还是道教的断代史研究，而傅勤家的道教史作品则真正把道教一千七百多年的历史及其思想文化源流作为一个整体的学术研究对象进行归纳，其视野更为广阔，所涉时间更为完整，所及道教史内容更为丰满、完备，也就是对中国道教作了一个通史性的研究，梳理和厘清了各个时期道教的发展变化，全景式地展现了道教的历史。这在中国道教学术史上是第一人，因此，该书才被称为现代中国学术框架下的第一部完整的中国道教史。

即使在今天来看，傅勤家《中国道教史》依然具有其不可磨灭的学术史意义。

第一，傅勤家《中国道教史》是中国人所写的第一本完整的道教通史，其筚路蓝缕之功是值得充分肯定的。

从 20 世纪初到 1949 年，是我们称为中国现代学术意义上的道教研究的第一阶段，这个阶段其实就是道教研究、“道教学”的起步和奠基阶段。而在这个起步和奠基阶段，有关道教史研究的专著问世就显得尤为重要，甚至可以说《道教史》的完整程度和水平高低，就是这个阶段整个道教学术研究的标志。

许地山曾经在 1934 年出版了他的道教专著《道教史》上册，但实际上这本书并没有过多涉及道教史本身，倒是着力于先秦道家、神仙家、阴阳家、数术家对后世道教的影响，注重于道教之宗教文化方方面面的介绍，故而称其为“道教前史”、“道教概论”、“道教思想文化渊源”抑或较为合适。而同年出版傅勤家的《道教史概论》，也止于篇幅有限的对道教思想文化内容及历史发展的“概论”。《道教史概论》共 17 个部分，从“道之名称与涵义”入手，“古代之巫祝史”、“老庄列之学说”、“秦汉之方士”、“汉书艺文志”、

"道教之形成"、"天师道之盛行及其变动"、"道佛二教之相排"、"道教之隆盛"、"道教之修养"、"唐宋之崇奉"、"《道藏》之出现"、"南北之分宗"、"元代之焚经"、"明清之道教"、"现行之《道藏》"、"结论"。这本书可谓是《中国道教史》的张本,后来的专著里有着前书的影子,但编排体例上存在着一定的差别。《道教史概论》基本上按照时间顺序来写,而三年后的《中国道教史》既有按照时间为经的设计,也有道教包罗万象的基本教理教义安排,从纵的历史走向和横的内容阐释,环环相扣而又条分缕析地把道教的发展变化和基本内容写了出来。也许,正如作者本人所言,第一本书没有引起学界足够的重视,也没有得到足够反响,因此,作者才痛下决心,在原有《道教史概论》的基础上重新写出一部完整的道教通史《中国道教史》来。

而促使作者以一人之力来梳理纷繁复杂的道教历史的原因,还有作者那种强烈的知识分子的责任感:"道教实中国固有之宗教,剖析而分明之,岂非学者之责哉?"道教作为中国唯一的本土宗教,国人对之进行研究的滞后和表现出的不闻不问态度,都使得学者傅勤家自觉担负起研究道教、发扬道教所代表的中华文化精神的重任。道教清心寡欲有益修养的境界、"我命在我,不在天"的医学保健思想和理论、其外丹修炼而对化学的促进,等等,都是道教思想重要价值之所在,而对具有重要价值的道教思想的利用是建立在对整个道教有一个清晰的了解和研究基础之上的,"因即以昔所编之道教史概论,加以补充,庶使关怀道教史者,稍有充分之兴味。而于整理道教之方,使之复兴有厚望焉"。

这本书因为被收进王云五主编"中国文化史丛书"而引起较大的影响,而这种影响一直延续到今天。20 世纪 80 年代以来,上海书店、东方出版社、团结出版社、岳麓书社等出版社都先后重新出版了该书。在上世纪30年代，当道教研究还相对沉寂的时候，该书的出版无疑给道教研究开辟了道路、带来了曙光；而半个世纪后该书的再版，也同样给道教学术乃至中国学术文化界带来了更多的对“道教学”的关注，带来了更多的道教学术研究的启发、比较和探索的机会，其影响不可谓不深远。即使在道教学研究已经相对发展繁荣、分工日细的今天，该书依然具有重要的学术价值和意义，也依然是我们研究道教的必读文献之一。

第二，傅勤家《中国道教史》既借鉴了域外研究成果，又注重中国文献与历史学的考证，体现了当时学术研究之现代意识、现代方法与传统国学的严谨与深厚相结合的特点。

在傅勤家《中国道教史》中，我们能够清楚地看出，作者对于日本的中国道教研究情况十分熟悉。书中提及了小柳司气太、妻木直良、常盘大定等日本“汉学家”的道教研究情况，而且尤其详实地介绍了常盘大定对于道教历史的分期。显然，常盘大定的这个道教分期观点，对作者傅勤家考证和梳理中国道教史有不小的参考价值。

小柳气司太的《道教概说》的中译文本于1927年由中华书局出版，译者叫做傅代言。从傅勤家的两种《道教史》中，可以看出其对于小柳司气太《道教概说》一书非常熟悉。同是傅姓者，傅勤家和译者傅代言之间具有某种重要的关系，应当是可能的。至于译者傅代言也许就是傅勤家的用在译作上的专署笔名的猜测，因目前尚未找到证据而只能算是我们的大胆“猜测”了。

还不止于此。实际上，傅勤家对于日本的道教研究状况显得十分熟悉，对日语文献的解读不需要借助翻译资料就可以完成。

如在傅氏的《中国道教史》第十一章论述“道佛二教之互相利用”时，直接“摘译”了小柳司气太的《道教与真言密教之关系》一文的观点，从中不仅可以看出道教史作者傅勤家对于日本道教研究现状和文献的熟悉程度，更重要的是，这也间接印证其外语水平之高，已经达到可以直接使用原文的地步。

商务印书馆在1936年出版了两本署名傅勤家翻译的书籍，分别是日本白鸟库吉的《康居粟特考》和英国柏尔的《西藏志》。前者是傅勤家独自翻译的，后者则是合译（编者则称这位傅勤家为女士）。在短短三年间，署名傅勤家的两部文史译作和同样署名傅勤家的两部道教史专著，都由商务印书馆出版发行。可见，无论是作为翻译家的傅勤家，还是作为道教研究学者的傅勤家，显然都与商务印书馆的联系十分紧密。而作为当时中国最严谨、最高水准的出版机构，如果是两个同名同姓的（甚至不同性别的）傅勤家，而不专门加以区别或说明是不可能的。从以上几个方面情况推测，两个傅勤家应该就是一个傅勤家，也就是商务印书馆编者所谓傅勤家女士（据查，40年代商务印书馆还出版过她的其他译作，也称其为女士）。她具有非常高的外语水平，直接接触了当时研究道教水平较高的日本学者的著作，在借鉴的基础上，运用中国一贯的文献和历史研究方法对杂而多端的道教进行了通史性的研究。

充分运用文献与历史资料，确实是傅勤家《中国道教史》一书的特点。在该书中，她爬梳了大量的文献资料，包括正史资料、民俗资料、文人笔记等，如二十四史中的《汉书·艺文志》和《隋书·经籍志》等、民俗周刊《琼崖风俗志》以及胡应麟等的研究成果等。同时，她还把明《道藏》作为第一手研究资料的重要来源，另外还有道教文献手抄本，如北京白云观抄本《诸真宗派总簿》等，详尽介绍了八十六个宗派，而有些宗派在该书之前是没有进入大家的研究视野的。而这些实录之资料，到今天依然是我们研究道教宗派的重要参考资料。而之所以实录这些资料在著作中，傅勤家是有着自己的考量的："以上所录，皆各派道徒子孙递传之系名，而道教各派不论南北在家出家各宗之系统，殆已全包括于此系谱之名内。故不能不备录之。欲知道教分派之详者，观于此亦可悉矣。"她所做的种种努力就是力图给淹没在历史中的道教勾勒一个框架，使之有迹可循。而这种努力是有成果的，例如对天师世系的考察，从张道陵开始，一直到咸丰年间的第六十一代天师，基本上把天师的发展、传承勾勒了出来。当代中国文化学者葛兆光曾高度评价了傅勤家，将其与陈垣、陈国符等大家并列，认为他们共同构建了中国道教史研究的"第一次历史性的变化"，并把该时期道教研究方法主要概括为"文献与历史学研究阶段"："中国宗教史的文献与历史大体有了一个清晰的轮廓与脉络。这是中国宗教史研究的第一次历史性的变化，也是近百年宗教史研究的第一个阶段，即文献与历史学研究的阶段。"

第三，傅勤家《中国道教史》以道教之代表性事件为经、而横向的联系较为广泛详实，又以朝代更替为纬、而纵向的嬗变则简单明了，体现了作者的个性取舍与好尚。

也许，正是作为开创之作，而又是以一人之力，毕竟力有不逮，因此才无意中展现出上述特点。换言之，这既是该专著的长处，又是其明显的弱点。我们从该书的目录就可以看到这一特点。如作者第十三章专门来写"唐宋两朝之道教"，用了五页的篇幅来写。这样的篇幅是很难把道教在唐宋两朝的发展繁荣以及与政治的关系等论述清楚的；而更为明显的还有第十七章，在这一章里，作者竟然只用了两页的小篇幅来写“明清时代之道教”，是无论如何也不可能把跨越几百年的、逐渐走向衰落的道教论述和研究清楚的。但难能可贵的是，作者又非常敏锐地专注了各个时期道教的特点，如魏晋南北朝时期道教神仙谱系问题、元代的焚经事件等。

而横向的研究则详实而丰富得多，例如作者对于神仙谱系的考察以及陶弘景《真灵位业图》中对于神仙各个阶层分布等，洞天福地中涉及的三十六洞天七十二福地的分布情况，道教修炼包括的内容，如内丹、存思、导引沐浴、服食烧炼等，道教戒律中包括的传受、赏善罚恶、斋戒及清规、诵持等，作者都列专章论述，而且篇幅远较第十三章、第十七章为大。可能是受了日本道教研究的影响，作者竟然用了两章共 21 页的篇幅，来研究和论述道教与佛教之间既互相融收又存在利益冲突的复杂而又微妙的道佛交涉史。

作者使用这种结构方法，绝对不是偶然，而是当时的历史情况决定的。首先是外域资料对于道教前期历史的研究较多，成果也较为丰富；同时，对于道教历史的研究，总是从早期道教入手进行研究的，而真正能够持续完成对于整个道教历史进行研究的，傅勤家是国内第一人；对于后期道教的发展、变化并没有二手的资料可资借鉴，而个人的精力和能力毕竟有限，因此，该书呈现出前期道教史论述较多、后期则简单提及的状况，也从而呈现出对于道教横向内容的介绍和研究较多的状况。对此，我们是不能求全责备的。

当然，限于时代、个人等原因，该书还存在一些不足。例如，即使是对道教的神仙谱系、洞天福地等内容的研究，依然能够看出作者希望通过直接展现一手资料以使更多的人对中国唯一本土宗教有更多的了解的意图所在，而深入的分析和探讨是比较缺乏的。同样的，书中的一些论点、论据其实是需要考证和推敲的，例如作者认为张道陵创建道教的地点在四川广元的鹤鸣山，而现在学界普遍认定应当是四川大邑鹤鸣山。类似的问题在该书中还存在，因此，需要我们在阅读时采用真正的“拿来主义”，认真学习作者那种文人的强烈责任感和勇于承担重任的自信心，敢于开拓新的学术领域的勇气以及一丝不苟、认真负责的科研态度，这些可能能够给予我们后来者更多的学术营养和科研动力。

最后，我们要为自己作为跨世纪的道教研究者却不能考证前辈同行学者傅勤家生平而深表遗憾！这其实再次说明，我们的道教学术研究还有许多问题需要回答，还有许多领域需要涉猎，还有许多学术空白需要填补！傅勤家先生上个世纪30年代撰写两本中国道教史著作的那种学术文化的责任感、使命感，会鼓励和鞭策我们继续探索前行。

改定于四川大学文科楼“见道斋”

2011年“八一”